生命教育論叢

何福田　策畫主編

策畫主編者簡介

何福田　一九四二年生

　　國立政治大學教育學博士，美國博爾大學研究，三一學院榮譽博士。曾任台北市教育局秘書，台北女師專主任，淡江大學系主任，主委，執行長，國立高雄師範大學教務長，國立彰化師範大學教育學院院長兼圖書館長，國立屏東師範學院院長，玄奘人文社會學院校長。　現任國立教育研究院籌備處主任。

策畫主編者序

　　自從政府於一九四九年播遷來臺後，臺灣地區的人民跟隨政府過著「十年生聚，十年教訓」的日子，整個臺灣在短時間內各方面都有相當程度的提升。在那時刻，朝野深知欲使民富國強，關鍵在發展經濟，因此肇致「經濟掛帥」，也因而創造「經濟奇蹟」，使「臺灣錢淹腳目」，許多人一夜致富。

　　臺灣在創造「經濟奇蹟」後，本該拿這些錢來從事整體的、多方面的建設，才能使整個社會與國家顯出齊頭並進的景象，到處欣欣向榮。可惜配套措施不全：一方面變本加厲地持續物質建設；另方面有意無意地遺忘人文建設。結果，在不旋踵間，臺灣社會明顯地浮現物質與精神失衡、人文與科技失調的嚴重病態。起先，學校教育為配合「經濟掛帥」的要求，教育方針也從「全人教育」而逐漸偏向「智育掛帥」，若干年下來，積重難返，有識之士，憂心忡忡，恢復「全人教育」之聲高唱入雲，但言者諄諄，聽者藐藐。如今社會風氣不斷沈淪，青少年犯罪年齡逐漸下降，國人自傷、傷人事件時有所聞，人與人之間普遍不知生命的價值與尊嚴，不知人生的責任與使命，「生命教育」再不重視，空有社會富裕有何意義？

　　曾志朗博士在就任教育部長前，即已重視生命教育的課題，就任後更成立委員會，積極規劃、推動各級學校生命教

育，並宣布二○○一年為「生命教育年」。本人向來即以人文教育、社會關懷為辦學理念，如今又蒙曾部長聘為「教育部推動生命教育委員會」委員，自覺責任重大，因此幾經思量，有感於目前坊間生命教育專書不多，有必要邀請學者專家及中小學校長、教師共同為文，俾為推動各級學校生命教育略盡棉力。

　　為提供讀者對生命教育在概念認知、理論建構與實踐上有較為完整的了解，乃將本論叢分為三部分：生命教育通論、生命教育的實施、生命教育與死亡教育。生命教育通論部分主要在闡明生命教育的意義、目標、內涵及策略；生命教育的實施部分則在探討生命教育在相關課程教材之融入及在國民中小學中如何有效推展；生命教育與死亡教育部分則在探討生命教育與死亡的關聯性、死亡教育課程建構及如何面對死亡等內涵。

　　本論叢包含理論與實務，其目的在提供有心推動生命教育的學校校長、主任、教師，能有概念上的認識，亦有實務上的作法，希望有助於生命教育的推展。本論叢包括二十四篇文章，約二十萬字，文雖不長，但內容豐富，極易閱讀。

　　最後，本論叢得以順利出版，要感謝提供大作之學者專家及中小學校長、主任、教師，更要感謝教育部指導與經費補助支持，以及心理出版社許總經理麗玉的慨允出版，本人在此一併致謝。本論叢如有不周延之處，尚祈各位先進多予指教。

何福田　謹識
民國九十年二月於玄奘人文社會學院

目 錄

第三篇　生命教育與死亡教育

生命教育通論

生命教育的由來與重要性

國立教育研究院籌備處　主任　　何福田

壹、前言

　　台灣原是製造各種奇蹟的「福爾摩沙」（FORMOSA），但每製造一個奇蹟也跟著衍生一個「負」產品。就以最為世人稱道的「經濟奇蹟」來說，它使「台灣錢淹腳目」，可也讓台灣為經濟奇蹟付出慘痛的代價。曾幾何時，政府與人民共同拚命半個世紀所創造出來的經濟榮景，大家才正要享受這得來不易的富裕，卻讓我們遭遇另外一個陣痛。

　　許多人感到台灣病了，社會風氣變了，這已經不是一、兩天的事情。自從若干年前桃園縣長劉邦友官邸血案、民進黨婦運部主任彭婉如命案、知名藝人白冰冰女士獨生女白曉燕小姐勒贖撕票案等震驚中外的案件接連發生，加以幾乎每天出現大大小小的凶殺案、貪污案、誣告案、逆倫案、色情案、搶劫案與各級學校內外的青少年自殺、殺人案件，實在無法讓人視若

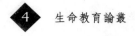

無睹、無動於衷。

貳、社會沈淪、每況愈下

　　請問現在有多少個百分點的大學生有自立自存的能力？社會上又有幾個百分點的青年人老老實實地安於其位，並且努力做事的？我們常聽到「政府開放過多的外勞，佔了我們就業的機會」之抱怨，卻不見有多少年輕人願意去做外勞所做的苦力工作。可是我們不要忽略了這個事實：這些沒有自立自存能力的大學生以及不願做苦力工作的年輕人，他們的消費能力一點也不比就業人口差。他們哪裏會有「一粥一飯，當思來處不易；半絲半縷，恒念物力維艱。」的想法！

　　我在《人心有愛——八方會診愛台灣》一書中提到現代的年輕人不知人生的使命感，不知人生的意義為何物時有這樣一段話：

　　　　三、四十年代，當時台灣的民生經濟比菲律賓差，但國人上下像越王句踐臥薪嘗膽一樣，天天生聚，日日奮鬥，克勤克儉，一塊錢一塊錢的掙，日子過得極為儉樸，政府與人民共體時艱，勤勉努力，即使假日也照常營業，到了晚上也一樣工作，為的是掙脫貧困，希望多掙一些錢，以培育下一代子孫。那段時間的台灣治安，上了年

紀的人，稍微回憶一下就知道：搭計程車不擔心
被搶，摸黑夜歸不擔心被強暴，孩子上學不擔心
被綁票，即使偶有凶殺案，也幾乎沒有不破的。
那樣的日子，雖然清苦卻安詳，雖然艱困卻安
心。現在富裕了，卻過得心驚膽跳；社會繁榮
了，卻到處暗藏春色。沒想到「經濟奇蹟」卻帶
給我們這樣慘痛的代價，年輕一代的所作所為，
教那些胼手胝足的年長一輩怎能甘心？（何福
田，1997）

參、物質與精神失衡，加速社會沈淪

照理說，人們富裕之後，人命也跟著值錢，人們會更加愛
惜生命，會享受更高品質的生活，但我們的社會沒有因為更加
富有而向上提升，反因富有而向下沈淪。其故安在？

我以為人類想要享有高品質的生活，至少要依靠兩個比較
重要的先決條件：一個是屬於物質層面的科技產品；一個是屬
於精神層面的文化水平。無可諱言，若干年來，政府刻意發展
經建科技，物質層面獲得飛快的進步與顯著的成就，相反的，
精神層面如文化、倫理、藝術、道德、環保等等，不進反退，
造成物質與精神的失調、科技與人文的失衡，而且差距愈來愈
大，致使社會付出昂貴的代價。其實物質與精神，或科技與人

文，猶如人之雙腳。假設物質為右腳，精神為左腳，如果右腿向前跨一大步，而左腳卻只向前跨一小步，當右腳再跨一大步，左腳只能再跨一小步，或者竟然向後退一小步，則此人如何走路？是否左腳必然成為右腳的累贅？現在我們的社會不就是這個樣子了嗎？（何福田，1999）

　　距今十多年前，我曾在某一電視節目中，聽到孫運璿先生自己說他很後悔，沒有在行政院長任內，同時注重科技與人文。他說在他執政期間，太過重視經濟建設，鼓勵科技發展，未能等同看待倫理、文化建設，致使社會富而無禮，人們表現暴發戶心態，至感遺憾。我以為孫先生確實看到問題的癥結所在。

　　所謂太過重視經建問題而未能同時提升倫理、文化建設，當然也影響到各級學校的教育方針，造成理工與商管學門的抬頭，人文與社會學門的沒落。其實這種現象並非自孫先生執政開始，而是在其執政期間更形明顯，可惜他沒有警覺到這個問題的嚴重性，等到他卸下執政重擔後，自感亡羊補牢，為時已晚。

　　社會風氣的良窳，絕非「教育」一途之力所能為之，亦非與「教育」毫無瓜葛。就以前述社會所表現的各種不能盡如人意的現象而言，哪一件不能追根溯源與教育發生若干關聯？而社會上林林總總的案件中，又有哪種案件比自殺或殺人更具震撼力？

肆、經濟奇蹟打垮教育奇蹟

假如在締造「經濟奇蹟」的同時，也來締造個「教育奇蹟」，今天就不是這個殘破的局面。其實，民國五十七年我們實施「九年國教」，這種魄力原可創造「教育奇蹟」，只可惜由於準備不夠充分（籌備一年即全面實施）、教育措施偏差（造成部分放牛班、牛頭班）、辦學理念陳腐（仍舊是智育掛帥）等等，至今（二〇〇一年）已過三十多年，並未明顯地使國民素質提升，民風淳樸，反被後來成功的經濟改革所衍生的物慾所征服，於是社會上瀰漫功利思想、物慾橫流、好逸惡勞、利令智昏、人心不古，「九年國教」的德政付諸流水，使我們無福消受「經濟奇蹟」所帶來的繁榮。

「九年國教」沒有明顯的正面效果，於是政府又於民國八十二年宣布是年為「教育改革年」，並於八十三年九月成立「行政院教育改革審議委員會」，決心改革教育，大有再創「教育奇蹟」的架式，該會已於民國八十五年十二月完成任務，並將「諮議總報告書」移交行政院教育改革推動小組繼續追蹤執行。如今又過五年，績效如何，仍然有待繼續觀察。

伍、推動生命教育，從心救起

　　由於二〇〇〇年總統大選，民主進步黨首次贏得大選，內閣於五月上任後，無黨籍人士曾志朗博士受命擔任教育部長。他對台灣社會本極憂心，曾於民國八十六年撰稿一篇，名為〈救心、救心，從心救起〉，主張對症下藥才有效；以教育教化人心；反求諸己，自身做起。（曾志朗，1997）這與當時李登輝總統所倡導的「心靈改革」意義相同。曾部長早在他擔任陽明大學校長時就曾撰文指出，要使我們的下一代走出迷惑，生命教育的推動，乃教育改革最核心的一環。（曾志朗，88 年 1 月 3 日，聯合報）因此，當其就任部長（二〇〇〇年）後就大力推動「生命教育」，並於二〇〇一年的第一個上班日（1 月 2 日）就宣布民國九十年為「生命教育年」，而我也因此有幸受聘為「教育部生命教育委員會委員」。

陸、看待生命與生命教育

　　生命教育牽扯甚廣，如不強為界定，它與道德教育、倫理教育、人文教育、全人教育、死亡教育，甚至環境教育皆有關聯。因此，在教育部倡導生命教育之前，早有「修身」、「生活與倫理」、「公民與道德」、「生活指導」等類似生命教育

伍、推動生命教育，從心救起

由於二○○○年總統大選，民主進步黨首次贏得大選，內閣於五月上任後，無黨籍人士曾志朗博士受命擔任教育部長。他對台灣社會本極憂心，曾於民國八十六年撰稿一篇，名為〈救心、救心，從心救起〉，主張對症下藥才有效；以教育教化人心；反求諸己，自身做起。（曾志朗，1997）這與當時李登輝總統所倡導的「心靈改革」意義相同。曾部長早在他擔任陽明大學校長時就曾撰文指出，要使我們的下一代走出迷惑，生命教育的推動，乃教育改革最核心的一環。（曾志朗，88 年1 月 3 日，聯合報）因此，當其就任部長（二○○○年）後就大力推動「生命教育」，並於二○○一年的第一個上班日（1月 2 日）就宣布民國九十年為「生命教育年」，而我也因此有幸受聘為「教育部生命教育委員會委員」。

陸、看待生命與生命教育

生命教育牽扯甚廣，如不強為界定，它與道德教育、倫理教育、人文教育、全人教育、死亡教育，甚至環境教育皆有關聯。因此，在教育部倡導生命教育之前，早有「修身」、「生活與倫理」、「公民與道德」、「生活指導」等類似生命教育

肆、經濟奇蹟打垮教育奇蹟

假如在締造「經濟奇蹟」的同時，也來締造個「教育奇蹟」，今天就不是這個殘破的局面。其實，民國五十七年我們實施「九年國教」，這種魄力原可創造「教育奇蹟」，只可惜由於準備不夠充分（籌備一年即全面實施）、教育措施偏差（造成部分放牛班、牛頭班）、辦學理念陳腐（仍舊是智育掛帥）等等，至今（二○○一年）已過三十多年，並未明顯地使國民素質提升，民風淳樸，反被後來成功的經濟改革所衍生的物慾所征服，於是社會上瀰漫功利思想、物慾橫流、好逸惡勞、利令智昏、人心不古，「九年國教」的德政付諸流水，使我們無福消受「經濟奇蹟」所帶來的繁榮。

「九年國教」沒有明顯的正面效果，於是政府又於民國八十二年宣布是年為「教育改革年」，並於八十三年九月成立「行政院教育改革審議委員會」，決心改革教育，大有再創「教育奇蹟」的架式，該會已於民國八十五年十二月完成任務，並將「諮議總報告書」移交行政院教育改革推動小組繼續追蹤執行。如今又過五年，績效如何，仍然有待繼續觀察。

的課程。曉明女中設有「倫理教育推廣中心」。二〇〇〇年南華大學有《生死學概論》與台北護理學院《生死學》的出版（紐則誠，2000），也都與生命教育有關。在精省之前的教育廳與曾先生擔任教育部長之前的教育部，都已在推動生命教育，不過，曾部長宣布二〇〇一年為「生命教育年」是高潮，則是無庸置疑的。

　　如何看待生命，可以從哲學、宗教、文化、歷史、地理等等各種不同的時、空來討論，林林總總的生命觀與生命現象，自然地存在於宇宙之中，就其個別的存在言，實在並無特別的意義，更與教育扯不上多大的關係。生命是平等的，還是階級的？是來討債的，還是來贖罪的？是弱肉強食的，還是濟弱扶傾的？你怎麼看待它，你才能談到生命教育。只有讓這些個別存在的、不同的生命觀發生「關聯」，它們才具有特別的意義。生命教育就是要讓這些生命發生關聯，而且是「和平相處」的關聯，不是「相互戕害」的關聯。

　　生命教育應該把重點放在珍惜自己與他人的生命。由此出發，消極層面是不會自殺，也不會殺人；積極層面是尊重自己的生命，也尊重別人的生命。教育部推動生命教育是針對全體國民而來的，只要能做到上述的消極面與積極面就算達成目標，也就是及格了，那些超越這個標準而到更高境界的作為，就是及格之後的加分，多多益善。

參考資料

何福田（1997）：愛咱臺灣。收於何福田主編**人心有愛——八方會診愛臺灣**，台北：正中書局。

何福田（1999）：**我心如是㈡**，屏東：屏東師院。

紐則誠（2000）：**豐富之旅**。林綺雲主編**生死學**序，台北：洪葉文化。

曾志朗（1997）：救心、救心，從心救起。收於何福田主編**人心有愛——八方會診愛臺灣**，台北：正中書局。

生命教育的目標與策略

國立台北師院國民教育研究所　副教授　　鄭崇趁

壹、生命教育的意涵

　　教育部重視生命教育，準備將明年（民國九十年）定為生命教育年，全力推動生命教育，主要原由在於目前青少年呈現一種不健康的行為取向——不知愛惜自己、頹廢、消極，常有踐踏生命的偏差行為。而整體社會環境而言，也由於變遷快速，e 世代的來臨，適應困難的人普遍增加，尤其是「憂鬱傾向」人口急速累增，自殺率提高。從大環境（社會）到小環境（學校），皆充滿俾視生命價值、尊嚴與意義的文化。人的生命是發展與創造文化的動力，也是教育歷程唯一的對象，人的生命存在，教育的實施即可創化各種可能，展現豐沛績效；人的生命不存在，教育即沒有舞台，無用武之地。俾視生命的文化，也將大幅降低教育應有的功能與績效。是以，有必要從學校教育及社會教育著力，強調積極、正向的生命意涵，強化此

一基礎工作。

貳、生命教育的目標

　　學校實施生命教育，對學生個人而言，在達成下列三個階層的教育目標：

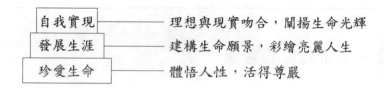

　　生命教育的最基礎目標，在培養學生珍愛生命：學生在整個教育歷程中能夠體悟身為人類的意義與價值，重視生死大事，珍愛自己，保護生命，了解生命來之不易，也體驗生命成長的艱辛與苦難，是以能夠化為更積極正向的行動，認真生活，闡揚生命的光與熱，活得尊嚴。

　　生命教育的第二階層目標，在增進學生發展生涯：學生在整個教育歷程中，能夠體悟人性，活得尊嚴之後，更進一步能夠建構生命願景，從個人的「自我」、「志業」、「休閒」、「人際」等層面，設定明確努力的指標意涵，並使之發揚光大，彩繪亮麗人生。

　　生命教育的最高目標與教育及輔導工作目標一致，均在促

進學生自我實現：學生在整體的教育歷程中，學習到適時建構
自己理想，並努力做到使現實與理想吻合，達成自我實現。在
生命成長與發展歷程中，能夠累增無數的「理想與現實吻合」
之自我實現，闡揚生命光輝。

參、生命教育的策略

　　學校中推動生命教育，必須從「環境設施」、「課程教
學」、「教師素養」以及「學生文化」著力，其策略指標概述
如下：

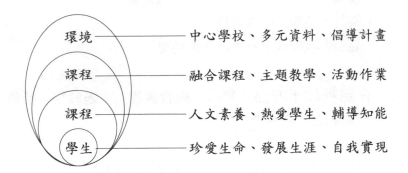

環境	中心學校、多元資料、倡導計畫
課程	融合課程、主題教學、活動作業
課程	人文素養、熱愛學生、輔導知能
學生	珍愛生命、發展生涯、自我實現

肆、生命教育的重點措施

一、在環境設施方面（實現「中心學校、多元資料、倡導計畫」之策略指標）

- ・成立生命教育推動組織
- ・成立各級學校生命教育中心學校
- ・規劃發展生命教育軟體資源
- ・督導各級學校成立生命教育執行組織
- ・策訂生命教育倡導計畫
- ・訂頒各級學校生命教育實施要點

二、在課程教學方面（實現「融合課程、主題教學、活動作業」之策略指標）

- ・融合九年一貫課程規劃發展生命教育課程綱要
- ・規劃發展各年級生命教育教學主題
- ・配合主題教學發展生命教育教學活動單
- ・實施生命體驗週活動（上學期）
- ・推動生涯發展週活動（下學期）
- ・定期舉辦生命教育教學研究會及教學觀摩會

三、在教師素養方面（實現「人文素養、熱愛學生、輔導知能」之策略指標）

- 全面提升教師人文素養與輔導知能
- 倡導人性化教學（輔導理念融入教學）
- 協助導師經營優質班風
- 鼓勵教師認輔適應困難及行為偏差學生
- 增進教師辨識學生行為問題能力
- 定期辦理教師運用生命教育資源網路觀摩研習

四、在學生文化方面（實現「珍愛生命、發展生涯、自我實現」之策略指標）

- 促進學生身心健康倡導巔峰效能
- 協助學生規劃適配生涯追求職業原鄉
- 協助學生適時調整「抱負水準」增益自我實現
- 培養學生健康安全多元休閒習慣
- 加強學生人際技巧增益和諧共榮文化
- 強化學生（體察情緒、表達情感、涵養情操）全人格教育之實施

伍、生命教育的願景

　　生命教育可以從環境、課程、教師、學生四大層面著力規劃,其策略指標與重點措施概要如前述。生命教育的實施,最後要落實在學生整體生涯之上始為正辦,因此,謹就學生個人而言,承續前述之目標與策略,闡明發展與學生在接受生命教育之後,其所期待之願景(vision)如下:

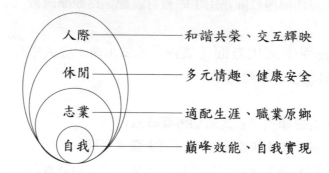

　　人際————————和諧共榮、交互輝映
　　休閒————————多元情趣、健康安全
　　志業————————適配生涯、職業原鄉
　　自我————————巔峰效能、自我實現

一、在自我發展層面

　　我們期待生命教育的實施,能夠喚醒學生重視身體的健康以及心理的健康,身心兩方面的機能均能長期維持在「巔峰狀態」,面對當前複雜的社會情況,知識經濟時代的來臨,有最

充裕的體力及心理效能（感覺、知覺、記憶、思考、判斷、推理、歸納、創造之新制運作能力）以為因應。在具體行為表現上，熱愛生命，積極拓展生命意涵，由滿意與成功的學習歷程上，不斷累積「理想與現實吻合」的生活內涵，過著「自我實現」的生涯。

二、在志業發展層面

我們期待生命教育的實施，能夠加強學生對於自己性向興趣的發現與了解，以自己的性向興趣為基礎，規劃自己生涯進路，選讀適合自己性向興趣的科系，學業完成之後，也能發展（選擇）適合自己性向興趣的工作，使志業的工作性質與自己的性向興趣吻合，過著「適配生涯」。找到的工作職場就好像回到自己的故鄉一般，感覺這裡最溫暖、最沒有壓力、最有意思、願意長期在這裡努力、奉獻，也看到了成功與希望，每一個人都找到了自己一輩子最適合的工作，追尋到「職業原鄉」。

三、在休閒發展層面

我們期待生命教育的實施，能帶給學生發展多元的休閒生活，所謂「行有餘力則以學文」，靜態的與動態的休閒活動能夠均衡發展，琴、棋、詩、畫、集郵、影片欣賞、閱讀……等靜態休閒通常有其一、二；跑步、球類、爬山、跳舞、散步

……等動態休閒活動能夠達到教育部三三三體適能的要求指標（每週運動三次、每次三十分鐘以上、心跳每分鐘達到一百三十次以上），在符合「健康安全」之前提下發展「多元情趣」的休閒生涯。

四、在人際發展層面

我們期待生命教育的實施，能帶給學生重視人際關係的經營，也學會了經營人際關係的技巧，在為學的歷程上會尊重其他學生、會與同學合作、會參與同儕共學、會欣賞同學的優點、會輔助同學的缺點或不足之處，讓群體產生更大更好的功能。營造一種「和諧共容」的學習型社會，人人不斷成長發展，個個發揮其專長與貢獻，呈現一種「交互輝映」的人文世界。

陸、結語──生命教育實施方案應有系統思考

生命教育、人格教育與輔導工作，三者從不同的立場教育輔導學生，其相通而共同的著力點即為推動生命教育最為關鍵的重點措施。是以從生命教育的「目標」與「策略」探討發現，教育部推動生命教育，擬定生命教育實施方案及各級學校生命教育實施要點，宜統整考量當前輔導計畫有關方案的內涵與作法；諸如青少年輔導計畫、兩性平等教育實施方案、中輟

學生通報及復學輔導方案、提升學生健康四年計畫、災後教學
輔導與心理復健計畫、小班教學精神計畫以及教訓輔三合一整
合實驗方案等。再以經過系統思考的「校務計畫」，整合貫串
教改理念與作法，直接帶動教師在班級經營與實務教學上的改
善與成長，始可克竟其功。

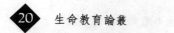

□□□□□□□□□，□□□□□□□□□□□□□□
□□□□□□□，□□□□□□□□□□□□□□□□
□□，□□□□□□□□□□□□□□□□□□□□□□
□□□□□□□□□□，□□□□□□□□□□□□□□
□□□□□□□□。

認識生命教育

玄奘人文社會學院　校長　　鄧運林

　　由於社會變遷撼動許多固有的價值及道德，成長中的青少年在自我認同及自我概念發展的過程中，一旦觸碰到多元社會紛亂的價值及道德觀，而不知如何進行正確抉擇與判斷之時，往往做出戕害生命的舉動。因此，生命教育的推行彌補了學生心靈上的缺口，在引導其探討整個生命的過程時，促發個體思考生命的本質，培養其對生命正向積極的態度，並有能力解決生命中所遭遇到的各種問題。

　　不過，在探究生命教育之前，必須先思及生命的本質究竟是什麼？生命的價值又在哪裡呢？古今中外許多哲學家致力於思索生命的意義，也各自發展不同的觀點來解釋生命現象，並試圖建構一個能夠代表真正生命實體的整體觀。然而，光是要界定生命此一概念，一百個人可能就會有一百個不同的答案，我們如何能夠以有限的文字來描述生命的全貌？不過，也正因為我們每個人都在生命的歷程中，與我們自身生命的脈動如此

貼近，並應隨時賦予其嶄新的意義，才使得我們對生命的描述顯得如此困難，更遑論估算生命的價值了。不過，毫無疑義的，每一個人都是世上獨一無二的個體，這樣的獨特性凸顯了生命的價值，也正因為每個生命都有與生俱來的特性，使得每個造物主所創造的生命都因此顯得更加可貴，因此只要人能夠盡力活出生命的全部，無論是在順境或逆境，平凡的生命都可因此而偉大，生命的視野也因為自我不斷的學習而成長擴大，生命的層次因為不斷的試煉與超越而提升，由此可見，每個生命都皆富有極大的潛能與彈性，一切都掌握在自己的手中。

因此，生命教育的目的就在於透過生命的課程，幫助學生認識自己、思考自己生命的歷程，以及每項重要的生命事件對自己的意義，同時個人應該如何加以面對與採取行動。其次，生命教育在使學生學會欣賞生命的美麗與可貴，無論是動物的生命、植物的生命，或是不同種族、性別、生活經驗的「人」的生命，都有其生命的美麗之處，值得我們以欣賞的心情、學習的角度來與之相處，最終能夠進一步尊重他人的生命，也珍惜自己的生命。是以，生命教育的目的必須與認知、情意、技能三個層次結合，從認知的角度出發，認識生命的歷程，輔以情意的層面，欣賞生命的美麗與可貴，最後再落實到實際的行動層次，也就是尊重他人及自己的生命，三種層次相輔相成，才能有效推行生命教育。

最後再談到生命教育的本質，生命教育是一種全人的教育，認識生命應包括生命的現象與生命的境界，生命的現象是指人生的實然面，可以用科學的方法來實地的觀察與剖析；生

命的境界是指人生的應然面，得從哲學的理念來思考、感悟。因此，在內涵上生命教育是一種自我認識及自尊的教育，它可以促使學生更加了解自己的優缺點、自我概念，以及自己的性格。同時，因為體會到生命的可貴，理解人所具有的主體性與自由性，因而在自我的層次之外，能對周遭的各種生命現象抱持尊重的態度與人道的關懷；另外，生命教育也是一種生活教育，它在生活中發生，也需要在生活中實踐完成；當然，生命教育更是一種體驗教育，如果離開了身歷其境的感受與體會，只淪為紙上談兵的作業，那麼生命教育將會落入傳統科學知識的窠臼。對於道德的涵養、良心的啟迪與自尊的建立，將毫無建樹，更遑論提升人生的境界。因此，生命教育需要在「生活中」「體驗」各種現象，藉此強化對「自我認識」及「自尊」，並勇於學習與蛻變，才能開創人生的新境界。

我對生命教育的體認與看法

國立台灣師範大學　校長　　簡茂發

　　從生命教育的觀點而言，積極進取的教育活動正是人類向上提升而不致向下沈淪的最有力保證。從孩提時期起，即須透過生命教育的機制和施為，使兒童及青少年對生命的意義有正向而積極的認識和了解，進而能夠尊重生命、珍惜生命、熱愛生命，肯定自我，成全他人，修己而善群，施受兩相宜，共同致力於發揚人類智慧與人性的光輝，追求人生遠大的理想，達到天人合一的境界。

　　教育最基本的理念與方法，就是「有教無類」、「因材施教」與「因勢利導」，也就是「把每個學生都帶上來」。學齡兒童開始接受正規教育，由於來自不同的家庭社經背景，在身心發展及行為表現方面，都有個別差異的現象。在當前以班級教學為主的教育體制下，應先充分了解學生個別差異，以便普遍實施適性教育，促使學生各有所長的才華，都能應多樣化的學習情境，獲得有尊嚴且快樂的成長，這是教育改革關注的重

點之一。

學生是教育活動的中心，學生人格應受到充分的尊重。教育情境的安排務必以學生身心的生長與發展為著眼點，舉凡教材的選擇與教法的應用，均須力求配合學生的能力、經驗、興趣與需要。在整個教育進程中，參照學生個別差異，提供符合其發展階段的教育情境，適時給予各種發展機會，使每個學生的潛能得以發揮，並從學習活動中獲得成功的滿足，以加強自信心，保持並增進繼續學習的興趣，謀求自我的充分發展。唯有多采多姿的學習環境，方能造就多才多藝的學生。

教育以人為本，學校注重全人的教育。基於人本教育理念，教師必須設法營造適性教育的校園環境，開拓兒童及青少年快樂成長的空間，採行人性化教學與輔導措施，把每個學生當作人才來教育，確信每個學生都有天賦的潛能，經由學習活動可以展現才華。天生我才必有用，不可以放棄任何一個學生，縱使學習落後，暫時趕不上教學進度，只要有不斷向上求進的意志，在稱職教師悉心照應和提攜之下，加倍努力，必能突破困境，化阻力為助力，把個人與眾不同的長處顯現出來。

兒童及青少年的教育與輔導，必須 IQ 與 EQ 兼顧並重。學校與家庭密切合作，親情與教育愛結合，共同輔導受教者立定「止於至善」的志向，涵養「擇善固執」的主見與「從善如流」的雅量，經由人我的互動歷程，以激發潛能，進而獲致個性與群性的調和發展。

綜上所述，教育是成人之美的積德至業，也是生生不息、傳承與創新的人類工程，其專業義蘊可用「生命教育」的理念

加以詮釋，生命、生活與生涯發展相融整合，更能彰顯「生活的目的，在於增進人類全體之生活；生命的意義，在於創造宇宙繼起之生命」的真諦。

28 生命教育論叢

生命教育的內涵與基礎概念

台北縣立屯山國小　校長　　吳永裕

「生命教育」係指教導個體去了解、體會和實踐「愛惜自己、尊重他人」的一種價值性活動。一般而言,生命與教育息息相關,生命是教育的根本,而教育是生命的動力,透過教育的力量,可使個體的潛能發揮,生命會更有價值。

基本上,生命教育的目的,是讓個體在受教育的過程中,不僅要學到生命所需的知識技能,更重要的,也要讓個體有豐富的生命涵養,成為社會有用之人及幸福之人。所以生命教育的消極目的在避免個體作出危害自己、他人和社會的行為,至於積極目的則在於培養個體正面積極、樂觀進取的生命價值觀,並且能夠與他人、社會和自然建立良好的互動關係。

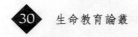

壹、生命教育的層次

生命教育的內涵包含三個層次：

一、認知層次

認識和了解身體及生命的意義和價值，熟悉與他人相處的法則及知道愛惜他人、自己生命的方法。

二、實踐層次

個體除了具備維護自己及他人生命的知識能力外，也要能夠真正去加以履行，不輕視、踐踏、傷害自己及他人，不做出傷天害理的事，為自己的行為負責。

三、情意層次

能具有人文關懷、社會關懷、正義關懷，並不斷自我省思，欣賞自己和他人的生命。

因此，生命教育的實施，若能透過「知、行、思」的方式，則將會發揮其效果。

貳、生命教育的內涵

　　二十一世紀的學校教育應以「生命教育」為基石。學校應透過有形與無形的「生命教育」課程來整合人生哲學、宗教教育與道德教育的三大內涵。

一、生命意義、目標與理想的探問與追求

　　這屬於人生哲學宗教哲學所關懷的課題。人生除了食衣住行育樂政治經濟社會之外，還有生命意義問題有待安頓。因此，教育整體的目標不該只是幫助孩子找到一份工作或職業，而該去教導他們體悟人生的意義、追求人生的理想，從而面對人生的各種挑戰。

二、成熟的道德思維與擇善能力的培養

　　道德教育必須融合道德哲學的思辨深度與理性反省，才能真正做到說理而不說教，並培養出成熟而具自律精神的人來。

三、知情意行的整合

　　價值理念內在化之後（誠於中），必須要能夠活出來，落

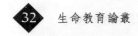

實於外在的實踐中（形於外）。

參、生命教育的基礎概念

　　生命教育內涵有四個基礎概念，需要讓學生了解並在生活中實踐：第一是自尊的教育；第二是良心的教育；第三是意志自由教育；最後是人我關係的教育。

一、自尊的教育

　　其核心觀念就是不要讓自己成為別人的工具，相對地也不要把別人當成工具。說起來似乎很抽象，但在生活中常常可以碰到。從心理學的角度來看，小孩子零到六歲身體發展，很多父母把孩子當工具，孩子同時也就成為他們的玩具。很多父母管教孩子不是打就是捏，對於嬰幼兒或幼稚園階段的孩子，要他們做什麼事的時候，從來就不會徵詢一下孩子的意願。

　　我們希望孩子學習面對人的時候，要請別人做任何事時，都必須徵詢他人的意見，因為他是一個生命的個體，他不是你的工具。其次是國小階段社會我的發展，國中階段心理我、人格我、道德我的發展，更需要對他生命的意義、價值重新做澄清。可是在我們的教育環境裡說到老師與學生的互動、與同儕的互動上，假如沒有自尊或尊人的觀念，常常就會把別人當成工具。一位優秀的老師，會把學生當做成就自己成為「名師」

的工具，當老師在強調自己是好老師時，也應該反問自己，是否就學生的個別差異，幫助他充分發揮內在的潛能，否則這些學生都只是成就他成為「名師」的工具。也有些校長以強壓式教育，利用學生來成就一個「名校的校長」的頭銜，學生就變成了工具。這樣把別人當成工具來看時，自尊就不可能存在。我們希望藉著自尊教育，具體地教導孩子，讓學生都能夠清楚的了解人的價值？人是什麼？以及自尊的內涵是什麼？

二、良心的教育

有了良心一個人才能成為一個人。可是良心非常抽象，在倫理學中它是一種個人主觀倫理，經常要讓孩子捉住內在的「仁心」，具體來說就是孔子所謂「不安之心」，做任何事先反問自己心安不安，這常是瞬間就過去了，「己所不欲勿施於人」，這是要在生活中實踐的。孟子所謂「不忍之心」，做事之前先自問忍不忍心？是否忍心虐待動物、折斷樹枝？這些都是日常生活、生活細節中讓學生不斷反省的，在做任何判斷選擇時也應先反問自己的良心。在西方倫理學中強調「知識」很重要，若沒有知識，良心會誤判。人為什麼會沒有良心？孟子說一個人沒良心是因為他被蒙蔽了。可能從小到大，周遭的人都沒有提醒他那「不安之心」及「不忍之心」，父母師長沒有教育他，或是常常在媒體上看到很多殘忍的鏡頭，慢慢就可能沒有不忍之心，變得麻木不仁。若老師帶學生去醫院參觀，當看了生老病死之後，或許整個生命觀就改變了，從中學習到對

生命的堅持、敬重，良心教育可以從日常生活中很基本的體驗上建立。

三、意志自由教育

仁心就在每人身上，你是自由的，是你行為的主人，不要做任何事都認為是受到環境的影響，受別人的壓迫。事實上你的行為是可以出自你的自由意志，它的基礎來自理智。孔子曾說：「三軍可奪帥也，匹夫不可奪志也。」可見人是可以有志向，可以決定自己未來生命方向。另外，教導學生判斷哪些行為是不自由的，以及為什麼會不自由，例如壞習慣、無知會產生不自由；用很多具體的事例來教導他們。若孩子因為心理防衛機轉而產生暫時性的保護，是可以理解的，但是若把任何事都推托給別人，不認為自己可以為自己的行為負責任，那就容易出問題。一個「全人」，身體、心靈都要發展，意志教育就是心靈的部分，能夠感動、有恆心、有志向，就是一種心靈教育，也是目前最疏忽的。

四、人我關係的教育

教導學生不要認為自己和別人的生命無關，可以任意妄為。人的生存是依賴很多其他人而生存，不可能獨自存活，並不是單一存在的，而是在人與人的關係之中。強調「我和你」的關係，把任何一個生命個體當成「你」，而非無生命的

「它」。也希望老師把學生看成一個獨立的個體，不是物質的「它」，不將學生「物化」，如此才能建立學生的自尊。中國古代講仁心，兩個人完美的互動就是仁心。人與人之間有完美的互動，人才能活得好，也就是五倫的關係，人絕不是單一的。現在社會強調個人主義，常常忘記一個人過得好，是背後有很多人付出、犧牲才能成就的。

肆、生命教育的推動

省教育廳陳廳長於全省地方教育行政會議中宣佈，自八十七學年度起，全省各國中一年級學生，每學期將接受三節的生命教育理論課程及二～四節的體驗活動課程，以培養我們下一代能尊重生命、關懷別人、愛護大自然環境，建立樂觀進取的人生觀，以成就自己造福人群。

以桃園縣南崁國中為例，推動生命教育的工作包含：

一、成立生命教育推動委員會

由校長、處室主任、教師及家長代表組成，擬定實施計畫，教務處負責教學活動，訓導處負責體驗活動，輔導室負責配合活動，總務處負責行政支援。

二、成立生命教育教學研究會

由教務主任擔任召集人，由相關行政人員、種子教師及教師代表組成，蒐集補充教材及設計體驗活動，編寫單元活動設計及進行實驗教學，反覆研討，並設計學生手冊。

三、發展本校生命教育教學模式

決定三週的生命教育週，利用自習課時間由導師實施教學，並配合校外參觀教學活動實施校外體驗活動。

四、溝通觀念建立共識

利用校務會議及各項集會說明生命教育之意義及具體做法，邀請專家學者蒞校專題演講，舉辦導師研習活動，並分發「給家長的一封信」溝通觀念、建立共識。

五、實施生命教育教學及體驗活動

選定生命教育週，利用自習課、社團活動等活動課程時間實施教學，並進行校外體驗活動。

六、辦理全縣生命教育研習

辦理研習活動將本校推展生命教育的方法和成果與全縣教師分享。

七、成立生命教育中心

選擇適當的場所，成立生命教育中心，充實內部的圖書及視聽設備，做為生命教育活動中心，並由教師會發動教師成立「關愛社」、「慈愛社」持續推展全校生命教育。

伍、結語

生命教育的推動，或許困難重重，但只要值得，再困難也要去做！落實生命教育，要訣無他，肯「用心」而已。學校教育對學生有決定性的影響，一個學生，一天最好的時光是在學校中度過；一生最美好的、最易受教的日子，也是在老師手中受薰陶；做好「生命教育」，捨我其誰？

生命的體會與反省

台北縣立漳和國中　校長　　徐美鈴

壹、前言

　　愛默生（R. W. Emerson）：「我們的一舉一動、一思一想，都是生命中不可磨滅的痕跡；我們怎樣的想，就成為怎樣的人。」每個人對生活的想法和態度造就了各自不同的生命色彩。有的人樂觀開朗，為自己製造許多生活趣味，也帶給別人快樂；有的人拘謹嚴肅，追求完美，讓自己生活緊張也帶給別人有形或無形的壓力；有的人迷糊鬆散，沒什麼大煩惱，當然也不容易有什麼好成就；也有些人懶惰頹廢，始終沈淪於混亂中；還有一些人偏激墮落，習慣與社會規範對立，經常和罪惡為伍，很難有安定的生活。凡此總總人生樣態及生命歷程，皆因個人性格、價值信念、生活態度，及因緣際會的不同，而有不同的人生處境及結局。

　　生命中有「命定」，我們不能選擇自己生命的來處和先天

條件，但生命中也有「創意」空間，可以讓我們無限開創生命的內涵和特色。有些人宿命、認命，面對一切生活情境皆是逆來順受、默默承受生命中的酸甜苦辣，其生活表面雖然平靜但內在卻含有較多的悲愁和辛苦。有些人不認命而且抗命，總是衝動地試圖扭轉自己的際遇和現實限制，生活充滿了偏激和衝突，也常讓自己傷痕累累難以平穩。而有的人知命、順命，懂得以智慧順勢而為，把握時機創造機會，開展自己生命的活力和動力，所以能夠擁有多采多姿多意義的生命。每個人雖然有不同的「命定」限制，但也因此可以各自擁有生命的獨特性及不同的開展空間。我們必須學習生活智慧，以較好的思考模式和處世態度開創自己生命的特色和價值。

生活能夠「反璞歸真」，才是快樂的泉源；找回「生命的本質」，就能譜出動人的生命詩歌。簡單樸素的生活，雖然沒有豐富的物質享受和刺激，但肯定多了許多的祥和與人味。科技發達、經濟富足，帶給人們物質生活的高度享受，卻也促使大家的生活環境趨於複雜，人際互動變得冷漠，更多了難以預測的危機和意外處境。物有兩面，利害、得失之間全在我們智慧的抉擇。我們接受教育，是為了增長智慧與能力，以開啟我們生命內在的理性和尊嚴、選擇成長的妥適方向，讓生命有尊嚴、有內容、有意義，並有各自獨特的價值，展現人性的「至善」、「至真」與「至美」。

貳、掌握生活方位，爲自己的生命負責任

　　在我們的生活周遭，可以看到很多的勉強和無奈，很多人無法跳脫「情面」的束縛，經常勉強參加活動或應酬，讓自己陷入忙碌、懊惱的生活境界；也常有親友間因難以拒絕的經濟往來，終至演變成財務糾紛甚而反目成仇的事例。我們有許多生活中的不愉快，追根究底，乃出於自己的抉擇。凡事若能認清自己所愛所能，學會勇敢地誠實面對自己和別人，懂得拒絕或心甘情願地接受，才有快樂和成就，才能擺脫抱怨和遺憾。一個人對己、對人、對事、對物的看法會創造出不同的生活機緣，心中常存積極善念，就會待人以誠，隨之而來的便是許多良友和有利資源，自然享有順暢的生活意境。反之，心中若常圍繞懷疑和失敗的消極負面思維，那麼，心理的效應就會大量削弱自己的能量，縮減自己可能發揮的空間和機會。

　　許多人匆匆走過生命時光，每天為滿足現實的物質生活而打拚，沒有為自己留下空間和親友分享生命的樂趣、體會生命的精華，致使自己疲累不堪，內心空虛索然無味。其實，大家一切的努力和付出不外乎是為了讓自己和家人幸福開心，但，很多人卻因「忽略」而偏離了真心真意。生命的經驗與體會只有自己能得，正如前人所言：「播種一個行動，你會收穫一個習慣；播種一個習慣，你會收穫一個個性；播種一個個性，你會收穫一個命運。」每個人對自己的生命皆負有完全的責任。

有人說：「無知也是自己的罪過」，因為自己的怠惰不學習而無知，因自己的無知而讓生命陷入混沌苦難，當然也必須由自己承受所有的現實，任誰都無法取代。生命中的每一天每一刻都是彌足珍貴，若能以敏銳的覺察力，發現生活的目標與美感；以勤儉樸實的心力，腳踏實地、實踐目標與夢想；並能學習放慢生活步調，用柔軟的心靈欣賞生命豐富的表情和聲音；那麼，當我們走到人生的盡頭，就可以驕傲地打開自己所留存的生命史頁，細細回顧與品味，心安理得且負責任地將生命價值傳遞予子孫。

參、細心照顧生命的尊嚴，用心創造生命的價值

「家」是生命的根源，生命起源於家庭，終將回歸至家庭。孩子為父母所生，但絕非父母的私有財產；老年人受晚輩照顧與養護，但絕非晚輩的附屬品。每一個生命自幼小及至年老衰退都是獨立且尊貴的，也都有權利獲得應有的尊嚴和尊重。人之不同於其他動物，乃因人的理性和善性，復因人的智慧和創意。人類最高的價值亦在擁有人性的尊嚴，以及開發生命意義的能力和創意，誰都不應隨意傷害與破壞。

但是，有些父母因為不良的觀念傳承，誤將孩子視為私有財物，當生活挫敗，面對緊張壓力時，常將孩子充當發洩情緒與不安的出口對象，隨意對其施暴，棄家人、子女的感受和人性尊嚴於不顧；當此父母年歲漸長而衰老，子女漸壯，此時，

子女亦將可能因未曾學得親情倫理的互動與關懷，致棄父母於不顧。這類惡性循環的家庭生命現象，嚴重破壞了最珍貴的人性尊嚴與社會倫理，留下人類生命的遺憾與污點。父母不懂得愛自己、愛孩子，孩子也就不容易學會愛自己、愛別人。每一個人在很小的時候就開始透過父母、親人的言行學習看世界，也逐漸形成內在的價值系統，而此價值系統將影響個人一生的作為和生命表現。父母「善」的身教，「尊重」的作為，子女也將學到「尊重」的思考及行為模式，時刻表現人的「善性」。

　綜觀人類，無論上智或下愚，都有天生強烈的自尊及被尊重的需求。學校裡，學生來自不同的家庭和背景，必然有許多差異，師長們必須了解這些差異與個人行為表現可能的相關，公平體貼的善待每一位學生，細心照顧他們的尊嚴，導正他們的人生態度，以為人師者應有的風範和氣度。羅曼羅蘭曾說：「一個活生生、具有相當價值的性靈，比最偉大的藝術品還可貴。」人們通常珍視藝術品的意境和價值，總會小心翼翼地照顧它的完整與高貴形式的存在。而任何一個活生生的人，皆有獨特的性靈及無限的發展潛能，理當更應該被重視與珍惜，絕不應被人以任何理由不當的壓迫與折損。生命的價值貴在他的獨特性、可開發性，以及多樣性。經過學習，生命可以無限發光；加以尊重，生命可以高貴、有尊嚴的存在，那是圓滿的人生！

肆、人生問題一籮筐，生命的覺醒在自己

　　我們懷念以前簡單的樸素生活，雖然，生活清苦，沒有先進的科技產品，沒有富裕的生活享受，但是，全家人生活與共，彼此親情濃密，互相關懷；鄰里守望相助，交流密切；人人遵循固有的倫理道德，不敢輕易作奸犯科；社會環境安全，自然的生活空間寬敞，孩童們可以自在地嬉戲於公園、遊戲場，大人可以專心地努力工作。大家的相處互動都能彼此真誠，向善且力爭向上，是個深具人味的生活情境，人類的生命便在自然中時時展現純淨的美感。

　　現在，科技進步，世界相通，人類有優勢的物質生活供應，可以極盡所能地享有物質生活，但卻失去了人類珍貴的精神財富。且看每天的社會新聞報導，總讓人心驚膽跳，人間的衝突、傷害及意外不斷；為情所困，為財作惡，為權位勾心鬥角，社會秩序混亂一片，一群人醜化了生命，也輕薄了生命。各種奇怪、殘酷的事象，令人疑惑「生命果真如此不堪？」其實，回歸生命的本質，乃有極大的開展空間，向善？向惡？全由生命的主人所主宰。事出必有因，找出問題的根源才能打開問題的結。

　　每一個新生命的開始都是潔淨無邪，面對稚嫩的小娃兒，大家會自然流露親切的善性，並以細心、輕柔的態度親近，那種景象柔美而喜悅，完全沒有人間的衝突、苦辣和罪惡；及至

年歲漸長，每一個原本純真可愛的生命，因著成長條件和環境的不同而有各異其趣的生命際遇。有的擁有許多幸福、成龍成鳳；有的無福享有幸運，坎坷一生；更有身處惡劣環境，而陷作奸犯科，罪惡累累。生命何至於此？生命原有的真、善、美為何被隱蔽了？其幸與不幸，善與惡，關乎他人，抑或自己所造就？

　　每個人天生具有「看重自己」的本質，都會索求「公平待遇」，人們常因「不公平」的處遇而引發爭執與叛逆，我們若能留意以「客觀公平」的態度面對問題，處理爭執，方能圓融。血氣方剛的青少年易陷紅塵滾滾的陷阱中，他會為了面子和尊嚴不顧後果與人衝突；會為朋友展現江湖義氣，而忽略是非；也因好奇、追求時髦，勇敢去嘗試各種新鮮事而致不容於團體規範和父母的標準。但，青少年暫時的脫軌，並不代表持續的脫序，如果能夠了解其內心的想法和需求，在其呈現問題的開端，給予適度的包容與導正，則此年輕生命短暫的迷失應可回正。

　　有人說「情關難過」，越來越多的老少男女為了情愛而犯下生命中的大錯。夫妻失和、情愛不再，彼此分手卻多怨恨和傷害；情人分手，感情破裂，有人無法釐清自己的感覺，忽視生命的意義價值，輕易地以結束自己的生命收場，留下親人無限的傷痛；有些人更以非理性的衝動，極盡所能地傷害對方，甚至殘殺對方，只為洩恨，卻沒想到也毀了自己的前途和生命尊嚴。男女感情很微妙，不能穩定持續的愛情，其實並非當事人所堅持想要，也不一定被期待擁有。然而，人往往因為「被

離棄」與「被拒絕」的感覺使自尊強烈受創，以致因「不甘心」而蒙蔽了理性的覺知，做出難以預料的怪異行徑。被愛是幸福，但若不能接受對方的愛則成負擔；愛人是快樂，但若對方無法承受則成困擾。認清自己再談感情，方不致陷入感情的桎梏。

　　有人盲目的從眾，人云亦云；有人為達自己的特定目的，利用群眾的無知和弱點，擾亂社會一波安定的池水；有人以偏激的言論假藉名義為自己爭權爭利。許多的社會亂象因人的自私、自卑與貪念而起。自私的人很難看到別人的需求和想法；自卑的人為求自尊會變成偏激與傲慢；貪求利益的人常會不擇手段獲取私利。社會風氣和價值導向造就了時代的生活現象，但不論社會如何的改變，相信人類生命價值的「善」都會被追求。人活著要有價值意義，不能逃避退縮，更不能違背良心做壞事。如果，心存善念的人愈多，社會的混亂問題就愈少。

　　莎士比亞曾說：「我們往往在享有某一件東西的時候，一點也不看重它的好處；等到失掉它以後，卻會格外誇張它的價值，發現當他還在我們手裡的時候所看不出來的優點。」生命的覺醒常在失去以後；生命的覺醒常在吃苦之後；人們應該提早學會珍惜所有，盡快學會對事物的智慧抉擇，減少生命中的遺憾和悔恨。

　　有一位朋友自小父母離異，父親因為另尋新歡而拋棄了家庭和妻兒，母親心中的怨氣與悲傷難以排解，致使朋友從小就在母親不穩定的情緒中成長，日復一日，長久的委屈和不滿造成孩子的叛逆及報復心態。青少年階段好勇鬥狠，打架鬧事的

場合少不了他；逞英雄、講義氣，經常惹是生非，他存心墮落。就這樣過著混沌江湖、刺激玩樂的生活直到高職畢業，進入職場。此時，他的父親年歲已大，生活落魄又重疾纏身，因無依靠而欲返家求助兒子。奈何，他這唯一的兒子無法原諒父親當年的離棄，任父親如何哀求始終殘忍地不予理會，他的心中只有怨恨沒有親情，直到父親因為沒能及時就醫而去世，他仍無動於衷。一個年輕的生命竟是如此冷酷，令人震撼與憂心。所幸，他遇到一位智慧、仁慈的長者，在特殊情境相遇的機緣中拉他一把，為他開示人生，因受感動促使他開始反省，終於拉回其內在人性的善念。於是，他為自己的荒唐和無知而懊惱，悔恨自己對父親的殘酷無情，讓自己留下永遠無法彌補的過錯和不安。深刻的人生衝擊讓他慢慢走上正常的人生軌道，但失去的永遠無法重來，每當午夜夢迴，經常嚇出一身冷汗，他也只能以此警惕後輩，而讓懊悔懲罰自己一生，那是人生最大的懲罰！

莎士比亞說：「一個人做了心安理得的事，就是最大的報酬。」活著的生命雖然有限，但也有無限的可能。人生各階段都會面臨不同的問題和挑戰，唯其各種「關卡」多在自己，要靠自己「過關」。人生的「監牢」在自己的「心」，要靠自己解；人生的榮耀從自己來，也由自己享有。遇難關，轉個彎兒看問題，會有不同的感覺和發現，誠實檢視自己的「心結」，讓自己全新開始，創造一個新的經驗和事實，順利走過人生關卡，朝向新希望。成功是屬於勤勞、誠實的人，也是屬於冷靜、有智慧的人。「挫敗」的經驗正是成長的機制，生活中的

問題總會找到解答，心中有愛、有理想，即是希望的泉源。多些體會與覺醒，生命是漂亮的。

常聽人說：「人生不得意事十常八九」，當遇上了不幸，無論多少的傷痛與懊惱終究是要面對與接受。生命無常，天災難料，但我們的生命中亦有難以預測的韌性和堅強力量可以來面對災難。有生必有死，我們必須認識生命的價值不在生死的有形，而在其意義與精神的傳承。有一位中年人歷經被搶劫、被車撞擊的兩次重大意外傷害，傷勢一次比一次嚴重，但都活過來了。他事後回憶：「事發當時受巨大的外力撞擊，自己只是一剎那的震驚便昏死過去，毫無知覺，並未感覺任何疼痛。倒是，被救治清醒以後，痛與難過的感覺才出現。」所以，他相信死亡並不可怕，也沒有想像中的痛苦。因此，他囑咐並要求家人，若有一天他有什麼意外或重病，病情不樂觀就不要為他急救，別讓他的身體到處插滿管線，讓他平靜、有尊嚴的離去。很多事情主客體的感覺和期待並不一定相同，兼顧尊重自己和他人的意向是重要的。歷經親友死亡或是重大意外的人，人生會有深刻的感受及激盪，也會重新調整自己的人生態度和價值，對人有更大的包容，對物有更多的珍惜，做事有更盡責的表現。一切生死皆自然，面對既已發生的事實，以平常心坦然面對；人生可愛，要讓有限的生命創造最高的價值。

伍、結語

　　人，因受教育而聰慧，「師者，傳道、授業、解惑也。」教師的職責在幫助學生成長，引發他們有健康、快樂、豐富的生命經驗和歷程。重視「生命的本質」才不失「人之所以為人」的意義價值。每一位施教者要有豐富的生活經驗，才能深刻體驗生命、覺察事理，其心得和信念才有讓人感動的說服力，能讓人感動的教育，必有深沈的影響力。

　　時代變遷，社會的各項變革持續推動，這是世界趨勢。面對變遷的時代，人人須要接受更多的衝擊和挑戰，生活環境和現實需求的動盪，也觸動我們生命不同的律動，刺激原有傳統的倫理道德和價值信念。現實生活的酸甜苦辣，只有自己能夠體會，生命的課題也只有靠自己思索、學習與轉化。每個人的行為動向乃受價值信念所指引，因此，我們必須透過教育增長智慧和能力，不斷地反省與修正，共同尋求適合現代社會的倫理道德規範和價值信念，形塑社會秩序與脈動，謀求人類生命價值的完滿。在此價值多元、物慾橫流的生活環境中，我們必須重視生命的本質，讓我們存有「人」的本色，開發人的善性與主動性，尋求人生健康且寬闊的發展空間。

　　人生的困擾問題皆因自己而起，對於問題，只要能覺察，就有希望改變。每個人對自己的生命負有百分之百的責任，生命的前景須自己開創。人生的課題雖然多樣，但愛惜自己，找

對方向，生命有無限發展的可能，我們都有責任為自己寫下一篇有意義的生命歷史。

超越生命的困境

國立台灣師範大學衛生教育學系　助理教授　　吳庶深

　　生命教育主要目的就是激發學生對生命的熱情，並在別人需要上付出愛的關懷及行動。教育部長曾志朗指出：「我們莘莘學子，長久以來習於被動學習，遇到挫折困難之時，學生往往對生命缺乏足夠的反省，反而輕易放棄培養自己應付困難、面對挫折的能力，這種現象的確是嚴肅的教育危機，值得正視。因此，我們期待藉著『生命教育』的系列規劃，能夠幫助孩子們逐步了解生命存在的意義與價值，學習個人所作所為與別人和團體之間的關聯，思考多元智慧發展中自我情緒平衡的重要性。簡言之，教導學生認識自我、珍惜生命、尊重他人，乃是現階段最迫切的生命教育目標。」

　　最近在閱讀英國教育學者侯約翰教授所著之《盲人心靈的秘密花園》（晨星出版社），在這本書中分享了盲人如何超越生命的黑暗，內容可幫助我們對生命教育有更深的體會及反省。

　　「失明」對許多人來說是一種極大的不幸，因為它會使人失去生活的信心及生命的自主性。失明也會產生一種介乎「意識」和「無意識」的中間狀態，難以具體區別睡眠和清醒。當人看不到自己，看不到別人時，也可能會失去自我意識，失去「生活的領土和空間」，而只能努力建立某種熟識的環境及固定的生活形態，活在一個狹小的世界中，感到孤立及寂寞，加上社會對失明者的接納有限，失明者的學習及工作機會也不多，更痛苦的是有某些社會大眾指責失明者，指出他們因犯罪導致失明，指責他們疾病的根源在於自大及抗拒神的旨意，或解釋他們的失明是因為上一輩子的報應，失明者受此責備和宿命的認定，更感到憤怒和無助。

　　英國伯明罕大學教育學院侯約翰教授（John M. Hull），是一位國際知名的宗教教育學者，在人生事業達高峰階段時，經歷了後天失明的打擊，卻沒有受挫折而氣餒，反而認真地面對人生的困境，本書詳細記載這段感人的故事。侯約翰教授因憑著個人堅定的信仰、家庭的支持、社會接納，超越了生命的黑暗，領悟了「失明是生命的賜與，而真正的賜與，在更深刻的地方，在失明的另一面」。失明後，侯約翰教授開始使用其他感官來認識這個世界，他的聽覺及觸覺變得更敏銳，他的心靈也越開放，能驚訝手中沙粒的不同質感，傾聽雨聲的節奏及旋律，感受風中的力與美。

　　侯約翰教授在四十八歲失明後，他並沒有放棄他的教學及研究工作。由於他的行動不便，活動的空間受到很大的限制，但相對而言，他能使用的時間比失明前增多，因他現在更看重

時間管理之效能，重新整理工作及生活的優先順序，以簡單的方式及仔細的規劃完成重要的事情。並且在失明後，侯約翰教授更珍惜與同事及學生之互動關係，相對而言，對許多視力正常的教授而言，他們忙於四處奔波，提升自己的知名度，爭取許多的研究資源，實現自己的個人計畫，卻可能失去對同事的親切問候及失去對學生的專心指導。侯約翰教授是我博士論文的指導教授，我與他有過五年朝夕相處的經驗，我發現他從不會因失明來依賴他人，他總是十分獨立去解決問題，他更不因自己的遭遇而自憐，總是與我分享克服困難的方法，特別是如何使用盲用電腦解決他閱讀及撰寫論文的過程。由於他的教學認真，指導嚴格，加上我個人努力，使我的博士論文榮獲「美國死亡教育與輔導協會」所頒發一九九九年度研究生最佳論文獎。

生命的意義是可以尋求的，生命的豐富是可以創造的，人生的困境是不可避免的，但你可以自己決定是否願意超越生命的黑暗，正如侯約翰教授在本書中所指出「失明雖然不會使人快樂，但你可以選擇使失明更有意義」。教育部現正訂定今年（民國九十年）為「生命教育年」，期盼各級學校的學生透過生命教育之學習，更珍惜自己生命，更關懷別人生命。本書中透過盲人心靈經驗的分享，已充分詮釋了生命教育的具體意義，你也可以從書中的內容，獲得心靈的啟發，將感受到生命的喜悅可能是「一個可愛的時刻」、「一種內心的感動」、「一次美麗的回憶」、「一時自由的夢想」、「一景陶醉在大自然的美境」、「一點享受心靈寧靜的心情」。

（本文作者為國立台灣師範大學衛生教育學系助理教授，台北市政府教育局國中生命教育推動小組指導教授，目前也參與教育部生命教育委員會「研發組」及「課程組」的相關工作。）

全人教育的教育哲學基礎
——兼論批判理論的教育哲學觀

文藻外語學院共同科　教授　　林耀堂

前言

　　身處在資訊爆炸的時代，個人面對各項資訊的氾濫，已經到了「淹腳目」的地步。即使在教育的範疇，各式各樣的專業學說理論、推陳出新的科技技術、日新月異的視聽媒體教材，在在都顛覆了傳統只是將教育侷限於教室空間內的教學方式。教育過程中，教育者如果仍僅止於書本知識照本宣科的教學方式，最終將落得「教書匠」的譏稱。

　　台灣整體的教育環境之改變，是最近十多年逐步醞釀而成，筆者十二年前以參加全國聯招的唯一方式進入大學就讀，當時中學教育的教學還是以國立編譯館的教科書為主，百分之百的「唸書」是教育過程的主要目的，除此之外，再點綴一些

聊備一格的社團活動。當時大學的環境，輔系、雙學位、通識教育課程、直升研究所的制度逐漸開始出現，教育過程的焦點集中在一個人的知識培育和知識學習的評量，包括學校、學生與家長對此現象都習以為常，並未深切地體會到需要進行大刀闊斧的教育改革。

在筆者研究所的末期，教育部開放一些學校設立教育學程，對傳統師範教育體系是師資培育的搖籃造成影響；退役後實際投入教育工作的領域，才更深刻地感受到整體教育工作的生態已經迥異往常的實況。各級學校有如雨後春筍般林立、推薦甄試、保送甄試、基本學力測驗、申請入學等多元入學管道，各校要求的門檻同中有異；即使連評量個人學習的成就，也從獨尊知識教育的範疇，進而要求個人的社團參與、幹部服務經驗、各項才藝競賽的獲獎、課外服務工作的記錄。曾幾何時，我們依然重視個人的知識培育，但卻發現知識培育不應該成為評量人學習成就的唯一判準，我們可以肯定教育的目的除了想當然爾的知識培育以外，它一定還包含了其他的內容。

唯近幾年來，民間教改團體積極參與的強大力量，和許多知識份子挺身而出針砭國內教育流弊的問題[1]，全民逐漸意識到教育改革問題的迫切性。各種有關教育改革的研究報告相繼出爐、各項教改會議不斷召開，同時來自民間與政府的力量都

---

1 例如為了導正中學教育的正常教學，並減輕中學生的課業壓力，大學入學方式由行之多年的大學聯考制度，逐漸納入推薦甄試、保送甄試和申請入學等多元入學管道。

感受到教育改革實在是勢在必行。

在教育改革的共識上，我們了解到學校的教育過程不能只是培育學生的知識教育，人是一個「整體」，知識教育雖然重要，也僅是人的一部分，除了知識教育以外，還有許多部分猶待培育。漸漸地，我們需要「全人教育」（education of the whole person）的口號喊得滿天價響[2]。我們不禁要問：什麼是「全人教育」的內涵？「全人教育」的教育哲學基礎何在？「全人教育」的理念要如何落實？本文即探討這一系列的問題，並兼以批判理論的觀點對現行教育環境的問題進行反思，進而肯定「全人教育」是值得我們戮力堅持，並付諸實踐的。

壹、全人教育的教育哲學基礎

教育哲學的目的是對教育問題進行哲學反思，並且直接指向人本身，它是積極正向的價值觀導引，並消極防範負面價值觀的影響。對於從事教育工作者而言，有關教育哲學的反思，最適合分析某項教育問題之目的性（教育的目的）或功能性

2　由行政院教育部主辦的「一九九九全國教育改革檢討大會」，當時的連戰副總統於開幕式的致詞即多次提及我們應重視「全人教育」的重要性。參閱：國立教育資料館編印，《一九九九全國教育改革檢討會議實錄》，民 89 年 4 月。另，教育部在其首頁所公佈的「二十一世紀的教育願景」（http://www.edu.tw/minister/edu21.htm）中明確提到希望落實全人教育與終身學習。

（教育的手段）的批判³。亦即，教育哲學是在幫助我們做出明智的價值批判與選擇。

一、全人教育的教育哲學基礎：培育整體的人

「全人」（holistic person）教育就其字面上的意義來理解，就是說教育的內涵應該包含著對完整的人之培育，其目的是幫助個人建立整合的人格⁴（an integrated personality），箇中不能有所偏廢、或是特別獨尊侷限於某一向度（dimension）的內容，卻對此向度之外的任何內容充耳不聞。

「全人」詞彙的根源是取自希臘文（holo）的字源，在希臘哲學的形上思辯裡，一個存有者（being）的「部分」之總和並不等於「整體」。"Holo"這個字的意義，就是把可以看得見的各個「部分」集合在一起，再加上一些看不見卻確實存在的所有「什麼」，把它合併起來加以整合的意思⁵。所以，"Holistic"係指「某一整體之事物或存在，教諸僅僅將該整體之事物

---

3 歐陽教主編，《教育哲學》，高雄：麗文，1999 年 9 月，頁 134。

4 「以哲學意義而言，人格指與人的形上位格相對應的經驗事實，亦即一切肉體的與心靈的、意識的與潛意識的活動、過程、情況與稟賦，這一切在正常情況中均整合於一個與個別自我有關、相對地持久和動態的整體中」。項退結編譯，《**西洋哲學辭典**》，第 270 號。

5 M.G. Kinget, *On Human Being*，參閱林治平、王蕙芝、張光正，以全人教育爲本的通識教育理念及其落實實施——以中原大學爲例說明之。1996 年 11 月。香港中文大學，華人地區大學通識教育學術研討會論文，頁 13。

或存在的部分加在一起，將會是更多更大之原則 6。」類比而言，我們對「人」的認識或了解，必須將「人」視為一個大於其各個可見的「部分」的「總和」之「整體」，如此一來，才能了解人的真正底蘊。

當代美國談全人教育的知名學者米勒（Ran Miller）在他的全人典範（holistic paradigm）理念中指出，所謂的全人觀點，本質上是「靈性」（spiritual）勝於「物質性」（material）。廣義而言，全人的觀點意味著人的「內在特質」——諸如頭腦、情感、創造力、想像力、憐恤心、好奇心以及尊重感，特別是自我實現的期望——對於人是否真正能達到自我實現及與社會和諧互動，都是最基本的要素。

重視靈性的全人教育觀點，使我們認識到人生有目標、有方向、有意義。生而為人，個人的軀體和心靈都深刻的、緊密的、不可分割的相連於「宇宙」、「天」及自身的「社會文化」。這種全人的世界觀也教導我們尊重「人之所以為人」的奧秘，並探詢答案 7。米勒的全人典範學說，正是要打破希臘哲學諾斯底士主義（Gnosticism）以來一直將人的心智（mind）與身體（body）、靈性（spirit）與物質（matter）二分的謬誤 8。

---

6 參閱 Longman，Dictionary of Contemporary English 的解釋。

7 R. Miller，*What Are Schools For？* Antario：Holistic Education Press，1990，pp.5759。

8 諾斯底士主義是古代的一種學說，認為人的完美與得救寓於他的自知（Gnosis），並主張一種善惡二元論：精神是善的，而物質（肉體、世界）是惡的。同註 4，第 133b 號。

二、全人教育符合人性的需求

　　關於如何藉由教育使人變得更好的問題，首先我們必須具有某種關於人是什麼的概念，因為如果我們沒有任何關於人是什麼的概念，我們就不能知道什麼對人來說是善的，或什麼對人來說是惡的 9。亦即在教育過程中，我們面對的是一個「人」，為此緣故，關於人的共通性之基本認識成了教育的基本要務。

　　全人教育強調人的內在特質與外在突顯的行為，及外在關係脈絡的整合，它並不排斥實證性的科學檢證方法，但強烈批判只有單方面（one-sided），過分簡化人心、人性的科學實證之思維方式 10；全人教育並不只是唱高調、專談靈性，倒是堅決反對給人施以物化、機械化的教育方式。因此，只要教育過程中的主體是「人」，我們就要進行全面性的整體思維，否則就是窄化了人類自身發展的潛能性與智能 11。

　　全人教育就其特性來說是符合人性的追求，亦即它符合於

9　Robert M. Hutchins 著，陸有銓譯，《民主社會中教育上的衝突》，台北，桂冠，1997 年 3 月，頁 59。

10　同註 7。

11　Linda & Bruce Campbell , Dee Dickinson 著，郭俊賢、陳淑惠譯，《多元智慧的教與學》，台北，遠流，1998。書中即提到人擁有語文智慧、邏輯─數學智慧、肢體─動覺學習智慧、視覺─空間學習智慧、音樂智慧、人際智慧及內省智慧等。

正確的關於人的概念,這正是作為理性動物的人的概念。也就是說,「人是一種透過運用並改善其理性來追求最大幸福的動物[12]。」人即使運用並發展自我的理性,仍會希望此結果對自我產生整體性的影響,亦即個人在理性上獲得的發展與成就,同時亦會希望帶來個人在靈性上的成長。

三、全人教育兼顧教育者與受教者

實際上,全人教育是不是最好的教育方式?在強調物質意識的今日,全人教育是否還有著力的空間?全人教育是為了誰?檢視目前學校教育課程的設計,完全偏重在某些固定的形式及合法性的知識課程,這些法定的課程在教育活動中,總是佔據主導性的地位,排除了其他形式的課程及探索真理的方法。其導致的結果是菁英教育的成長,及專業性的商品式知識日增,但也造成人遠離人際關係的互動,及個人生命存在品質的追尋。而唯獨關注於專業知識的要求,使得個人與其文化背景、社會環境、土地關係及人文素養無法適時產生關聯,更無法思考專業知識與個人生活、社區意識及生命存在品質的關係了。

「我們現在更需要設計一種旨在顯示共同人性,而不是放縱個性的教育。我們的個性差異意指:個人未來的發展將會是

---

12 Robert M. Hutchins 著,陸有銓譯,《民主社會中教育上的衝突》,台北,桂冠,1997 年 3 月,頁 68。

不同的，如果大家都為充分地發展個人的能力而奮鬥，其結果也將是各有差異，因為每個人的能力畢竟是不一樣的[13]。」然而，這只是人的能力發展在程度上的不同，卻不是人的能力在本質上的差異。

全人教育就是強調回歸教育的本質，我們要永遠記得：「教育是為了人，而不是人為了教育。」人的生命存在過程都是在教育中成長，無論是孩提時期的家庭教育、求學時期的學校教育、就業工作時期的技職教育，人需要的是永遠抱持一個願意學習的態度。我們如何能將人的生命存在與教育的關係，僅僅侷限在求學階段的學校教育？甚至，更將學校教育窄化為只是專業知識的教育呢？彷彿人的生命存在就只是為了達到學校專業知識的要求。

那麼，除了專業知識的教育以外，學校教育在培育學生的過程中又應該包含哪些內容呢？全人教育的方式，實際上到底是不是最好的選擇？無論如何，它指出了現階段學校教育過於獨尊專業知識的盲點，忽略了專業知識只是教育過程的「部分」，卻不是教育過程的「整體」。積極而言，只要學校落實全人教育的內涵，所培育的將是每個學生的「整體」，我們寄望經由教育的過程來幫助每個人生命存在的成長，進而達到改善社會「整體」的目的，這才是治本的方法[14]；消極而言，學

13　同註 12，頁 75。
14　類比而言，由「全人」的觀點引申到「社會」，即：社會並不等於把每一個人的外在條件集合起來的總和， 因為它還包含了其他的因素和條件。

校只要認同全人教育的理念，其影響與結果，也一定比獨尊知識培育的現況來得更好。

如此良性的循環，不僅對受教者有莫大的幫助，教育者在此中直接經驗到全人教育對受教者的良性影響，間接獲得教育工作上的回饋，整個社會環境也能回歸重視個人生命存在的「整體」發展，而不是以個人的職業「部分」來衡量其生命存在的輕重。為此，我們肯定全人教育的理念是適合於每一個人的。

四、全人教育是價值重塑的過程

全人教育的理念是一種價值判斷的選擇，箇中牽涉到許多環節，教育主管單位、學校行政主管、負責實務教學的老師、莘莘學子和學生家長都是此價值判斷的參與者，而且在實踐的過程上，大家都必須積極參與。

人雖然無法對他是否要成為人做出選擇，然而，他可以在成為一個好人或壞人之間做選擇。全人教育的教育哲學認為，人的生命存在是理性的、人文的、道德的、精神的、靈性的存在；而且，人的改善又意指他們理性的、人文的、道德的、精神的、靈性的力量之充分發展，如此一來，所有的人都具備這些力量，而且都應該將這些力量發展到最充分的程度[15]。

---

15 Robert M. Hutchins 著，陸有銓譯，《民主社會中教育上的衝突》，台北，桂冠，1997 年 3 月，頁 59。

　　既然教育的目的是使人變得更好的過程，那麼，不提價值問題的任何教育制度就是矛盾的。全人教育的理念就是對教育現況進行哲學思辯的價值判斷，在這過程中，它肯定人是一個「整體」的首要性，同時也願意選擇如此的價值觀。

　　當我們希望實用主義、實證主義、功利主義和馬克思主義的唯物思想在教育上逐漸減低、甚至喪失其影響力，進而將人視為是理性的、人文的、道德的、精神的、靈性的存有者。全人教育這種既合乎邏輯、又合乎生命存在的關於人之觀點，也唯有當我們將本身的教育哲學關於人的看法弄清楚時，才能正確地考慮教育的相關課題。

貳、全人教育理念的實踐

　　米勒的學說認為，全人教育是用人文教育（humanistic education）的方法，去達到全人發展的目標。他提出兩大主題供全人教育學者參考[16]：

1. 全人教育是要知性認知（intellectual　cognitive）領域與情意愛戀（emotional affective）領域經過「整合」後，成為「平衡」的學習經驗，提供給受教育者去發展自我。
2. 全人教育的基礎在於「信任」，信任人類的發展經由「整合」後的教育方式與內容，一定能引導人邁向良善、和諧與

16　同註 7。

不斷的成長。

一、全人教育與通識教育：由計算機概論到清潔打掃工作

　　全人教育的理念既是屬於教育哲學的價值判斷，它就需要透過一些管道才能在校園環境中實踐[17]。目前全人教育的人文教育之方法，通常是經由學校的通識課程或共同科目的設計教學，再輔以每個學校的辦學宗旨與該校之特色，為學生安排設計一些課程，其目的就是想要彌補片面強調專業教育的不足。

　　回顧歷史，「通識教育」（general education）是個東西方教育界所用的課程名稱，在台灣和香港兩地可以代表一種追求「通才」、「博古通今」、「通情達禮」的傳統教育理想，傳統的教育就是培養「通（達）」「（人）才」的教育，這種教育的宗旨廣義而言就已經是一種「全人教育」[18]。

　　論本質與內容，通識教育在學者與教育工作者中都沒有達到過一致的意見[19]。事實上，通識教育是依照不同的文化與時代需要，及學校本身的特色而設計的。無論大學通識教育的內

17　杜威（John Dewey, 1859~952）的兩句話：「哲學是教育的普遍原理，教育是哲學的實驗室。」

18　何秀煌，《從通識教育的觀點看——文明教育和人性教育的反思》，台北：東大，頁 73-74。

19　張燦輝，《人文與通識》，香港：突破出版社，1995，頁 65；大部分學者認為大學通識教育並沒有一定的本質（essence）。

容是否一貫，它並不是一個單一的系統。我們應該把它視為
（或發展成為）一個結構謹慎、執行靈活的多元教育系統[20]。

　　猶記筆者就讀大學時期，正逢電腦資訊熱潮風起雲湧之
際，學生們一股腦兒選修通識課程的計算機概論，十幾年發展
以來，有關電腦的基本認識與使用技術已經成為現代人必備的
常識，它不必然需要經由通識課程來學習。面對新世紀的青年
學子，許多學校取而代之的是，安排實施一些日常生活上最基
本的灑掃應對進退等「課程」。於是，我們聽聞一些學校要求
學生得親自打掃校園環境的整潔，學生偶爾也跨出校園進入社
區，參與各種社會服務工作。

　　通識教育在與時俱進不同典範取向的轉變過程中，教育者
得隨時自我提醒，通識教育是為實踐全人教育理念的一個環
節，為培育「整體」的人，它得時時去彌補不同的時空條件下
專業教育的不足。為此，通識教育不能夠是一套一勞永逸的課
程，雖然習以為常的觀念是以一些「課程」的教學方式或活動
來實施，但它卻不應該淪為只是一些課程的設置。我們更應思
考的是，通識教育是否也能培育學生回歸全人教育，強調人的
「靈性」與「內在特質」之領域？使其得以和過分強調的知性

20　舉例來說，大學通識教育可以是大學、社群、國家以至一個文化的教育
　　理想；可以是一種教學措施，提供相關課程與學術活動以擴展學生的視
　　野；可以是一個以培育大學生的心靈或人格為目標的文化取向；可以是
　　一種對於大學教育的哲學構想；也可以是一個具有特定內容和目標的課
　　程；甚或可以是一系列以通識教育為名而推行的課程組合等等。同註
　　18，頁43。

認知領域取得整合，進而平衡學生的學習經驗。

通識教育正是要培養出一個完整的人的過程，一個真正受過教育的「人」，不應該只是一個在職業上表現出精密技術的專家；反之，其胸襟、視野及價值取捨判斷等，會有不同的表現。簡言之，以全人教育為其終極理想的通識教育具有下列二大內涵：

1. 幫助人了解人之所以為人的道理和各種永恆的問題。
2. 幫助人認識其所處時代的特性及其所面臨的困境[21]。

在這當中牽涉的就是人的「靈性」層面，包含「生命意義」、「生存價值」、「永恆問題」、「我是誰？」、「人是什麼？」等思維。人之所以為人，正因為人會思索生命的源頭與生命的終極。人有必要進入自我的靈性層面去認識並體驗，以此為基礎認知自己身處的社會、時代及文化的關係[22]。

二、通識教育與專業教育之間的弔詭

通識教育與專業教育在學生的學習過程上孰重孰輕？並不是容易回答的問題。因為這不是一個「非此即彼」（either......

---

21 郭青青，在「通」與「識」之意義下談通識課程之經驗，第三屆通識教育教師研習營：課程設計與教學經驗的交流會議資料，1996年5月11至12日，頁21。

22 歸根而言，它是總括在「天、人、物、我」的範疇之中，而且這四個向度彼此是互相影響的。例如，台灣的天主教會在迎接公元二千禧年時，所推行的「和好2000」運動，就是以「愛惜自己、疼惜別人、珍惜萬物、敬惜天主」為主軸。

or⋯⋯）的選擇，或許雙方都要放棄自我本位的考量，意識到兩者之間均有所不足，都需要彼此相輔相成，建立「既非此亦非彼」（neither⋯⋯nor⋯⋯）的共識。這正意味著在教育過程中，兩者都是為了實踐並整合全人教育理念的「部分」而努力。

　　針對當代社會重視專業分工，與第二次世界大戰後大學課程專門化與專業化，結果導致知識的偏狹主義與教條主義，只強調知識的工具價值，通識教育實在是一種反響[23]。教育過程中教育者常常不自覺地將學生的專業教育限制，甚或窄化為未來就業時的職業訓練，如此一來，學校便淪為職業訓練所了。畢竟，個人的工作只是未來生活中的一部分，所以，學校的專業教育除了傳授未來就業時有用的知識與技能外，更不能忽略日常人文生活方面的通識教育，以培養受教者敬業樂業服務人群的情操，將來做個敬業樂群又懂得生活情趣的人。

　　然而，到底什麼是好的生活？什麼是好的社會？什麼是人性和人的命運？這些問題以及其他類似的問題，若想要藉由科學實驗的實證研究是難以徹底回答得了的。可悲的是，我們常常以狹義的科學檢證方法，當成論證知識是否成立、是否有用的判準，就如我們唯獨以受教者在專業知識領域的成就，當成衡量其學習的標準；但是，在科學實證形式的知識以外，是否還有其他形式的知識這個問題，絕對不是科學實證能夠回答的問題，它已經是一個哲學探討的問題了。

　　教育者若是用一種完全以職業為導向的課程來作為全人教

23　張燦輝，《人文與通識》，香港：突破出版社，1995，頁 64-68。

育的內涵，而這種課程又是無邊無際、既龐雜又沒有內在聯繫的話，那是相當有疑問的 24。學校教育如果只以培育學生擁有將來就業的能力，教育者就是完全忽略了未來的世界，將會是一個更瞬息萬變的複雜世界。

參、批判理論對全人教育的啓發

一、非同一性的思維方式

法蘭克福學派的阿多諾（T. Adorno,1903~1969）一生始終堅持主張哲學、社會學和美學的融合，其社會批判理論，首先就是對實證主義和經驗主義的分門別類的學院式社會科學之批判，他主張超越社會科學中每一理論強加給自己的方法論之束縛，形成其著名的「否定辯證法」（negative dialectic）理論 25。

阿多諾認為，人的思維之可能性，就在於它能夠擁有不同於固有的一些典範式的思考模式。關於非同一性的認知，正確地來講，它是在一種比較大的範圍，而且是以一種不同於同一性思維的方式來探討。非同一性思維方式的認知，所探討的是

24 Robert M. Hutchins 著，陸有銓譯，《民主社會中教育上的衝突》，台北：桂冠，1997 年 3 月，頁 70。

事物本身；同一性思維方式，卻是先以某對象為前提來探討它的樣式或典型，而不是探討事物的本身。西洋哲學史的發展，就錯在企圖以同一性的思維方式，來涵蓋充滿諸多差異性與複雜性的整體，這樣的表現尤其在黑格爾的理論達到了極點[26]。

阿多諾認為，以非同一性思維方式對事物進行反思時，任何事物應該是它尚未是的（to be what it is not yet），這種希望關聯著對同一性的形式之突破[27]。在哲學傳統中，有一個表達這種突破的詞，就是「觀念」。這些觀念不是空洞的聲音，而是一種否定的記號，觀念就是介於希望事物所是的樣子，和它們實際上所是的樣子之間。

非同一性思維方式的基本精神，就是主張在認識過程中，主體方面持續的否定與提升之行動。雖然阿多諾將此般的思維方式，運用在哲學理論及社會學的反省與批判上，但我們若將

25 參閱林耀堂，《阿多諾的「物化」觀》，輔仁大學宗教學研究所碩士論文，民國 84 年 5 月，頁 102-113。
  阿多諾認為「否定辯證法」是對人的認識發展過程之說明。它的任務首先是考察某一事物在現實中的樣子，而不是考察它屬於什麼範疇；其次是解釋一個事物，根據自己的概念所應該是的樣子，即使它現在還不是這種樣子。否定辯證法要發揮思維的批判性能力，強調否定、但又不主張否定之否定是向肯定的回歸。如此堅持不懈的否定，非常嚴肅地主張它不願意認可現存的事物。否定之否定，並不會使否定走向它的反面；反而證明了這種否定是不充分的否定。
26 同註 25，頁 43；為黑格爾而言，同一性和肯定性是一致的，而一切非同一的和客觀的事物都包含在一種被擴展、被抬高稱為「絕對精神」的主觀性之中。
27 同註 25，頁 46。

此思維方式對照全人教育的教育哲學基礎來反思，更可以深化全人教育的理論基礎。因為，教育的本質既是「求好」（betterment），它就同時指涉求好的教育方法、活動、內容與結果。教育就是教育者以合情理的方法與內容，引導受教者進行相關而有效的學習活動，亦即，教育是培育人在否定與提升的行動中，成為一個整合的人之方法與過程。

在「求好」的教育過程中，教育者勢必得放棄「一次而永遠」的教育方式之心理期待，因為我們面對的是永遠處在變動狀態的、具體的、差異的又複雜的人，他並不容易被固定不變的教育理論和方法所侷限。教育者得兼顧受教者各個「部分」的整合，及其生命存在於不同階段發展的所需，因此，教育者在教育過程中，首要的條件就是要求自我在教育過程中持續的否定與提升[28]。

為阿多諾而言，否定辯證法並沒有一個終點，它是一種「已經來臨，卻尚未完成」（already, but not yet）的期待，對照全人教育的理念而言，教育者與受教者在教育過程中不都是該努力去把看得見的各個「部分」集合在一起，再加上一些看不見卻確實存在的所有「什麼」，將之合併起來形成「整體」，並加以整合的辯證過程。

---

28 此部分意味教育者的在職持續進修與學習。

二、物化的教育觀：教育的目的被扭曲成學會一種行業並且致富

阿多諾指出：在一個完全物化（reification）的社會裡，人與人之間幾乎沒有直接的位際關係，在物化的關係裡，每一個人都被還原為只是社會的一個原子，只是集體性的一個功能而已[29]。阿多諾最感興趣的問題就是，屬於人與人之間的位際關係，如何能以一種原本是屬於人與東西本性的形式和關係來表達呢？

教育過程中，教育者與受教者應該是「我—你」（I—Thou）的關係，而非「我—它」（I—It）的關係[30]。前者假定對方的特性得以在此關係中展現，並以具體活生生的對話夥伴方式臨現，而不是為了滿足我個人欲求的手段；後者表達我沒有直接體驗到對方的整體，對方只是一個不具有主體性意義的對象，我僅考慮到對方片面的特性，甚至將對方視為工具，只是為了滿足我的目的。教育者與受教者之間此種「我—它」的物化關係，在教育過程中極端的發展，就形成一種物化的教育觀，他人成了我利用的對象，以遂行我個人的意願，這正是全人教育批判的物化之師生關係。

---

29 同註 25。

30 林建福，師生關係。 歐陽教主編，《教育哲學》，高雄：麗文，1999 年 9 月，頁 31342；猶太裔存在哲學家 M. Buber 亦以教育性關係（educative relation）來說明這種特別的「我—你」關係。

我們對教育的目的之習以為常的觀念，就是期望透過接受教育，將來能獲得一份收入較高的工作，而在受過教育之後，如果沒有相對地得到一份收入較高的工作，個人就會產生挫折感。這就是將人「求好」的教育過程完全物化，以收入的高低作為個人教育結果的判準。

相反的，如果每個人在成長歷程中本質地都得接受教育，而且，不管是一般基層的勞工或大企業的經理人，只因為他是人，所以都應該受到「全人教育」。如此一來，基層的勞工可能對其生命存在仍然感到挫折，但這挫折感卻不是由於他接受的教育而造成。全人教育的任務在於破除物化的教育觀之迷思，它是根據一種長期的價值性理想、有意識地努力去塑造每一個人；反之，根據物質的現實性理想，努力去塑造受教者的教育，是無法拯救他生命存在的實況 31。

三、批判理論對教育工業的批判

阿多諾針對資本主義中社會文化的物化現象，進行深刻的反省和嚴格的批判，並希望將人類的精神意識，從物化的意識形態中解放出來 32。阿多諾以文化為例，批判地指出資本主義社會將藝術的欣賞退化成一種消費，並當作一種娛樂，造成的

---

31 Robert M. Hutchins 著，陸有銓譯，《民主社會中教育上的衝突》，台北：桂冠，1997 年 3 月，頁 77。

32 同註 25，頁 123-126；阿多諾認為資本主義社會裡只有一個意識形態，就是資產階級意識形態。

流弊就是「文化工業」33 的情形。

　　文化工業的生產，其目的和其他工業完全一樣，都是為了追求更高的商業利益，而不是為了實現理想，或解放人的精神意識。在文化工業的市場上，消費者已經喪失了自主權，成為文化產品的物化需求之奴隸。文化工業說服消費者相信它就是對消費者需求的滿足，而且，它也要求消費者，無論如何都應該對它所提供的產品感到心滿意足 34。

　　教育也是屬於文化範疇的一環，對照台灣目前的教育現況，大專院校的數目近年來快速增加，我們不免要問：教育者真的是提供受教者「更好」的教育內容嗎？抑或教育者也正在製造一種「教育工業」？教育工業為了大量銷售它所生產的知識，以巧妙的方式技巧地塑造了受教者集體性的心理需求，以便用同一的貨物（identical goods）來滿足此同一的需求（identical needs）。在這普遍一致的認同中，範疇的同一性限制了個別生命存在的差異，每個人都被蓋上了相同的烙印。但是，這正好與全人教育強調人是整體的初衷，並且必須解放其靈性與內在特質的精神意識相違背。

　　因此，教育過程中的努力，如果只是導向於受教者的專業

33　同註32；文化工業的含意，不完全是指生產過程中像其他的工業一樣，需要大量的人力與物力，而是指文化實體（cultural entities）的標準化和偽個體化（pseudo-individualization），以及促銷和分配技巧的合理化。

34　即使消費者認爲他的需求已被滿足，其實也是社會預先規定的，他永遠只是被規定需求的消費者，只是文化工業的對象。

知識之訓練，就如已經生產出來的一大堆知識，那麼將會驀然驚醒地發現，我們並不懂得要利用這些知識來做什麼？簡言之，我們不自覺地把教育給物化了，教育就像我在追求的一件物品，哪怕這個物品是自然科學或人文科學，即使追到了手，也不會感到快樂，因為它與我個人的生命存在毫不相干。

肆、全人教育的配套措施

當米勒在談到二十一世紀的教育方向時認為，新世紀的教育需求是目前這種教育方式難以觀察得到的，未來的教育必須強調全球的（global）、生態的（ecological）及靈性的世界觀（spiritual worldview）。以米勒為首主張全人教育的學者們承認，所有牽涉到人及人類生活有關的論點，基本上都有其「相關性」（fundamentally interconnected）。傳統以知識及專門技能為主的學習情境以外，未來的教育趨勢將更重視每一個人的心靈、情感、身體、社會性、創造力及藝術的需求，他們並提出下列幾項主張[35]：

1. 全人教育的教育理念必先指出，人類所有學習得來的經驗全都是有整合性的（integrated）。學生不僅僅在腦海中學習，他們所做的是「全人學習」，經由其感覺、想像力、關懷感

---

35 Miller, J. P. *Holistic Learning : A Teacher's Guide to Integrated Study*, Canada : OISE Press, 1990.

及身體來達到學習的目的。學生所要學習的正是讓他們能順利發展在道德方面堅固（morally secure），體魄、情感方面健全（physically and emotionally healthy），並深具民主素養的好公民（democratically inclined citizen）。這就達到全人教育重視全人學習經驗的目標。

2. 全人教育重視靈性層面的世界觀：人應尊重生命，對生命存在的奇妙抱持敬重的態度。一些全人教育學者聲稱，這種態度可轉化為一種宗教上敬「上帝」、敬「神」、尊重「靈魂」的敬虔哲學。因此，此一主張發展出的教育目標，是在引導並啟發學生去過新的生活，成為一個新的生命。

3. 全人教育強調每一個人的獨一無二性，鼓勵人運用其內在力量，研創一個最適合自己潛能發揮、拓展的環境。全人教育教導人積極、勇敢地認識並參與自身所從出的複雜而龐大之社會，並且置身其中，不斷學習。這種學習的經驗是深刻而又無止盡的旅程，彷彿宇宙的博大精深一般精采。

一、教育者必須認同全人教育是首要的共識

若以今日的生物科技而言，雖然我們能夠從生命科學和遺傳生物學那裡學會如何複製動物，或許，也能從社會科學那裡知道複製人或動物，可能會產生一些社會的、倫理的、政治的和經濟的影響。但是，這些影響帶來的結果是好是壞，則不是自然科學，也不是社會科學領域裡的問題，它已然來到了價值層面的問題。

　　除非當代的資訊化趨勢、知識經濟、科學、人權和民主已經與全人教育毫不相干，否則，它必定仍然是值得努力實踐的教育方式。因為，已經出現的資訊化社會，政治、經濟和社會變革並未要求我們拋棄全人教育的理念；事實上，卻更凸顯出全人教育的必要性。那麼，當代現有的這些變革又能怎樣？努力去做一個整合的人仍然是必需的，而且，這比以往任何時候都更必需、也更困難。

　　教育者，尤其是負責第一線實務工作的教育者，在教育過程中對受教者仍佔有一定程度的影響力，這些影響既實際又深遠。當甲教育者認為：教育的過程需要加入全人教育的內涵，使受教者的生命存在得以整合並更充實；乙教育者說：甲教育者認為只要全人教育（不需要其他教育），就能使受教者的生命存在得以整合並更充實。其實兩人在認知上所談論的已經是不同的議題了，本文的重點在強調甲教育者的觀點，為此，教育者對人的看法與主張，同時也影響了他對受教者所採取的觀點，我們不得不說一位完整地看待自己的教育者，他也才能同時完整地看待一位受教者。

　　教育者對全人教育理念的認同，是全人教育得以持之以恆去實踐的重要關鍵，因為「自己所沒有的，也就無法分享給別人。」惟在教育者認同下，他才會在教育過程中將全人教育的理念落實在受教者身上。只是依靠個別教育者的努力，有時也會產生力有未逮的情形，此時學校行政單位的支援，及教育主管當局在政策上的支持與經費上的後盾，更是教育者的強大助力。

　　另一方面，家長們心態上的調整與適應，同樣是不能忽略的一環，學校教育與家庭教育都同時在灌輸、也在影響著受教者的價值取向與判斷。兩者的目標若都是一致集中在全人教育理念的實踐，受教者自然易於學習；相反的，兩者傳達的訊息若是南轅北轍，這將造成受教者莫衷一是的困境。

　　全人教育正是以通識為基礎，所發展出來的「重平衡」之教育理念。全人教育重視情意領域的訓練，因為擁有清晰的價值體驗、做出正確的價值判斷，並將價值系統內在化，以成為人格的一部分，個人才能依此「知、情、意」的價值信念去行事。

二、全人教育的潛在課程（hidden curriculum）

　　希臘哲學時期，柏拉圖透過詢問哪些是造就一位好人和好武士的內容，來當成是教育的內容。時下的教育，我們也要詢問哪些是造就一位新世代受教者的教育內容？除了前文提及透過人文教育的方法，亦即大學現階段所開設的通識教育課程，來實踐全人教育的理念，這是屬於一般具體的、可見的實際作為。除此之外，整個教育過程的「潛在課程」更是影響深遠。

　　全人教育的潛在課程，包括了教育過程中學校教育、家庭教育與社會教育對於受教者無形的影響，諸如：校園環境空間人性化的規畫、學校行政的各種管理規範、教育者本身的身教、家庭中和樂融融的親子關係與社會上公平正義的對待關係等。

處於學習階段的莘莘學子，最大的困擾莫過於面臨價值觀取向的混淆，當他總是在教育過程中欣然發現其「應然」的喜悅時，卻又在其「實然」的生命存在環境之間感到疑惑與挫折，對他而言，這是嚴重「反教育」的。與其說一套做一套，倒不如不做不說來得更好。校園中這些潛在性課程，對於全人教育雖不見得有直接性的助益，但它的負面影響一定可以摧毀其他方面所有的努力。

結語

　　教育不可能放棄專業知識的教學，職業取向的教學觀點也不可能完全消失，但僅有專精的知能，是否得以成為真正的人才？通識教育的理想啟發我們專業知識是有限的，教育的目標在專業知識以外，更要尋求滿足個人生命存在的需求。因此，如何兼顧通識教育與專業知識的理想，就成為教育者在追求全人教育理想中，努力要去達到的目標。

　　根本上來說，以全人教育理想為本質的通識教育內涵，就是尊重人的個別主體性，同時讓人認識自己的「位份」在哪裡。人若錯升自己的位份，他就成為自己最高、最終的指導原則。相反的，人如果錯降自己的位份，則會看輕自己、也不能在人際關係上有善意的回應，甚至他與自己的相處都會發生衝突。

　　人需要認識自己，不能錯看自己的位份，否則其人格與專

業知識就無法取得一個平衡點，其性格也不能與群體社會相融合，自然不容易有圓融幸福的生命存在，更難以獲致心靈上的安頓了 36。全人教育的教育哲學啟發教育者去培育一位「整體」的受教者，批判理論則指出了教育過程中「物化教育」的盲點，將全人教育的理念對比觀照台灣目前的教育現況，我們的確是口號喊得太多，而真正落實的行動太少。

---

36 黃孝光，從文化之角度透視「天、人、物、我間之和諧」，中原大學八十三學年度共同科學術研討會，民83年6月24日。

讓生命教育的種子
開始在孩子的心靈中扎根

台北縣立重慶國中　教師　　歐志華

　　玄奘人文社會學院於日前舉辦生命教育學術座談會，教育部長曾志朗親自出席並發表引言，他指出未來生命教育將列為教育部的重要施政方針，希望老師以「體驗」代替說教，使一些抽象的價值概念能與學生實際的經驗相連結，幫助學生了解生命的真義，讓我們的下一代真正學會欣賞生命及尊重生命。該會邀請若干學界代表共同探討生命教育的意涵，以及如何將生命教育的課題轉化到校園的實體環境中，使生命教育能夠真正落實。

　　玄奘人文社會學院秉持著教化社會的理念，以及對生命價值的重視與關懷，特於該校日前的系列校慶活動中，舉辦生命教育學術座談會，希望藉此呼籲社會大眾關心人及生命，並能從小培養開闊與寬容的胸懷，實踐人道的最高境界。部長於會中強調，現今社會由於受到外來文化的衝擊，使我們固有的價

值觀日漸崩解，再加上受到過去行為主義教育思潮的影響，使我國的教育長久以來只注重外在行為的改變，而忽略了學生內在心靈的修持，因此，一旦學生因為外在環境的改變而感到適應不良時，其累積的挫折感與疏離感，並無法透過內在心靈的力量加以疏導、轉化，甚至超越，因此，生命教育的實施，將使教育的核心進入探索生命現象與意義的最高層次，透過體驗的活動，讓學生以「感受」，而非「認知」的方式，來認識生命，藉此還原生命本來的面貌。

　　至於執行的層面，部長表示教育部將整合過去教育廳的資源，以及結合玄奘、華梵及慈濟等學校的力量，共同營造一個對生命尊重的社會。教育部主任秘書蔡義雄則表示，學校要落實生命教育必須先訂定生命教育的目標，並融入九年一貫的課程設計當中，而師資培育機構也有必要將生命教育列為通識課程之一，讓老師理解如何進行生命教育的課程規畫與設計，台北市立師範學院的校長吳清山則提出，生命教育的實施必須由家庭及社會的配合，因為家庭是生命教育的基礎，學校教育是關鍵，社會則是實施教育的場所，因此除了老師必須具有生命教育的專業知能之外，家長也必須具備生命教育的概念，而整個社會更是要負起生命教育的責任。因此，要落實生命教育必須整個社會一起動起來，相互配合與支援，才能使生命教育真正走入學生的心裡。

生命教育的實施

從生命潛能激發
談生命教育與管理

大同商專　校長　　王士峰

摘要

　　生命教育之目標乃在尊重生命、利用生命，而創造生命，生命包括了有形的物質生命與無形精神生命（即慧命）。因此，如何將有形的物質生命發揮，利用而創造出無形的慧命，這是生命管理的終極目標。

　　從禪宗的角度而言，行為乃是受能見與所見之間的互動關係之影響，而一九七〇年掘起之神經語言程式設計學（Neuro Linguistic Programming, NLP）亦是此模式下之產物。

　　本篇文章首先提出一個潛能與行為之互動模式（五蘊模式）提供研究有關潛能激發之理論架構之參考。其次介紹NPO與潛能，最後則提出應用此模式之五大策略及實例研討。

關鍵詞：五蘊、生命管理、生命教育、神經語言學
（NLP）、潛能激發、空性

壹、前言

現今社會許多問題及人為災禍，可以說是由於人失去了自
覺，以致無法從物質刺激、心靈空虛、迷失自我中得到解脫，
從佛教之觀點而言，佛菩薩乃將自修行持之歷練，開示明心之
法要。是故佛法八萬四千法門，皆在開拓自我生命中慧命之覺
性善導。[1]

佛教五蘊（色、受、想、行與識）思想是佛教般若思想之
重要理論，它可以解釋人類一切行為與潛能之互動因素。這個
模式亦可由一九七〇年代興起之神經語言程式設計學得到實
證。本文乃先探討五蘊模式之內涵，次就五蘊模式與神經語言
程式設計學予以分析，並提出五蘊模式與潛能激發、空性與潛
能激發、算念與潛能激發等議題，最後並提出結論。

---

1 曉雲法師，**佛教教育散論**，p.34。原泉出版社。

貳、潛能與行為之互動模式

　　有位太太有一天晚上先生還未回家，她的心裏想著先生可能是發生車禍了，血肉模糊的躺在馬路上，救護車拉著警示聲正把先生送到醫院，……。一連串的擔憂，著急的影像與聲音正在她腦中呈現著。這時，她聽到了開門聲，先生好端端的站在門前。她的行為可能是奔向前去，擁抱先生，甚至喜極而泣吧！另外，有位太太同樣是先生晚歸，她心裏開始想先生可能是有外遇，正在和情婦約會，他正色瞇瞇的和情婦在卿卿我我，……。一連串令她氣憤、難過的影像與聲音正在她腦中呈現著。這時，先生開門進來站在她眼前，她的行為可能就是一巴掌、一個拖鞋打過去、興師問罪，或者是來個不理不睬的冷戰。

　　為何這二位太太有如此極端不同的行為？可以說是她們的想法不同。第一位太太是擔憂、著急的想法。第二位太太則是憤怒、難過的想法。想法的不同而造成了不同的行為。而是什麼因素造成這二位太太的想法不同？答案可能是「經驗」，第一位太太也許在小孩時期，就常常看到長輩中有太太們當先生晚歸時，就是用這種態度去處理。而第二位太太，可能她的親屬或朋友中，就有許多是先生有外遇的，因此，她的經驗告訴她，晚歸的先生都是有外遇的。我們也可以說這二位太太的思想的不同乃是因為「個性」使然。或者是「直覺」的因素等

等。心理學家把這些因素稱為潛意識，而把色覺、聽覺、嗅覺、味覺、觸覺與思想等感覺等稱為顯意識。潛意識影響了顯意識，再影響了行為，這是無庸置疑的。

事實上，在「心經」中也談到人類的一切行為可以用「五蘊」，即色、受、想、行與識，來解釋。

1. 色：即是一切有形的資訊。例如先生還未回家。

2. 受：即感受。我們對外界的資訊，是透過感官如眼、耳、鼻、舌、身與意等的「接收器」，而進入大腦形成色、聲、香、味、觸與法等「六識」。因此感受即是顯意識。

3. 想：即判斷。對於外界的資訊，經由六識的感受後，在大腦中，會經過判斷的程序，稱作「分別」的作用，我們稱作第七意識，佛經稱末那識。它屬於潛意識。

4. 行：即行為。經過判斷後，大腦會命令感官去行動（或不行動）。

5. 識：即蘊藏。亦稱為第八意識，佛經稱阿賴耶識。人類所有的行為，會形成一種經驗，而蘊藏於深層意識中。

我們可以說第八意識如同國王的角色一樣，他把命令傳給第七意識（如同將軍）。而第七意識就把這個命令再傳遞給六識（如同士兵），而由六識再傳遞給全身。因此，一切行為的根源是在潛意識。控制了潛意識，就可控制行為如圖一所示。

我們可以用圖二來表示心靈行為的作用。每一個人都有一個內在的舒適區，稱作可接受範圍。當一切有形的資訊經過感官的接收後，就有了主觀的感受，稱作六識。而這時潛意識中的第七識就會將這個感受與內在可接受範圍做一個比較，而決

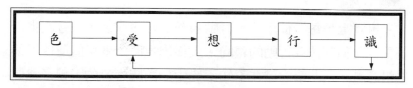

圖一　五蘊模式

定行動的方向與強度。當我們行動後，這個經驗就成為第八意識而會影響了我們的主觀感受的狀態，或者修正了內在舒適區的範圍，進而影響了對下次的有形資訊的判斷。

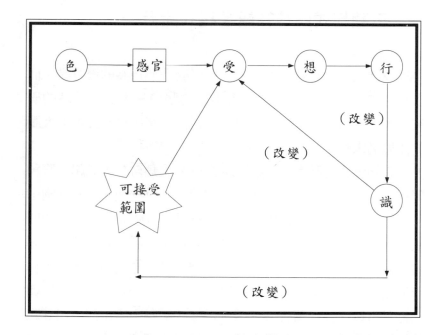

圖二　五蘊結構圖

事實上，每一種想法，行動表演了好幾次後，便會產生一個重複此種想法或行動的趨向。人從出生時，就可能遺傳了某些潛意識，這些潛意識在不知不覺中如同繩索般的影響了我們的行為。再經過多次的重複與循環後，逐漸就形成了個性、習氣或習慣了，人的行為就深深的根源在這個「識」上，而不能自拔了。如果要改變行為唯有打破這個循環，也就是說改變了潛意識就能夠改變行為。

參、五蘊模式與神經語言程式設計學

我們就用「心靈」來代表這個影響我們行為的潛意識。而心靈在哪裏呢？答案就在我們小小的腦中。人類對於腦的研究，也不過短短三百年的歷史。到目前為止，仍有許多對大腦的迷思仍未解。

大腦大約有數百億個腦神經細胞。人類自二十歲起，腦神經細胞以每天三萬至五萬個的速度壞死。每一個腦神經細胞由細胞核及無數的突狀物構成，我們稱其為神經元。神經元向四面八方伸展觸角，並與其他神經細胞連結。神經元與其他神經細胞接觸的部分稱作突觸。藉著突觸，神經元之間即構成了神經網路。大腦的神經網路大約可達到十的七十次方，而神經網路總長可以達到一萬公里。透過這樣的網路，將每個各司其職的神經元連結，而可以將人體外部接受的刺激，傳遞至神經中樞，再由神經中樞進行資訊處理後，把指令傳遞至各個器官上

而作出反應。神經元的作用乃是在神經網路中來回傳送一些電化訊息,這些電化訊息就形成了電流脈衝。神經元可在五萬分之一秒內傳訊息至其他神經元,它使得整個大腦每秒可以處理約三百億個指令。

神經科學家告訴我們,當我們第一次做某件事時,相關的神經網路中就會建立出一條實體的關聯。這條關聯的神經網路一開始只是細細的像一條絲線一樣,而隨著不斷重複相同的行為,這條神經網路就不斷變粗,成為如繩索般,已不容易打斷了。這條神經鏈就是一個潛意識,它無形中就影響了我們的行為。

帕夫洛夫曾經對一群狗進行一項實驗,他拿一盤食物給狗吃,同時也讓狗聽搖鈴聲。這群狗在潛意識就建立了一條模糊的神經鏈,帕夫洛夫連續做相同的動作幾次後,對這群狗的神經鏈已變成牢不可破了。幾個月後,帕夫洛夫對這群狗搖鈴。但不給食物。這條狗仍然做出了所有進食的反應(如胃液與唾液分泌、搖尾……等)。

因此,神經鏈就是一種習慣領域、一種個性、一種潛能、一種遺傳……等等。它會影響我們的行為,無形中就會影響我們的命運。改變命運的原理亦是如此,我們可以藉掌握萎縮我們的舊神經鏈,或建立新的神經鏈的技巧,而改變我們的個性、習慣等,從而改變了行為,就改變了命運。

一九七〇年代,二位學者 J. Grinder 與 R. Bandler 在加州大學進行了三年的實驗,結合了心理學、神經學、生理學與人腦控制學等知識而創造了一門新興的學問——NLP(Neuro Linguistic Programming），即神經語言程式設計學。他們認為神經鏈是可以建立或調正的。在生活中若我們常常做出某些情緒或行為，那麼就會形成神經鏈。如果要改變這種情緒或行為，則可以藉打斷或萎縮這條神經鏈而達到目的[2]。

證嚴法師說：「每個人到世間，都是帶著自己的劇本而來，這本劇本是自己在過去生就寫好了。過去生的一切造作，決定今生的遭遇。」從佛教的觀點，學佛就是要超越過去生所造的業，亦即要改好自己的劇本。

我們也可以說，人像一部電腦，它能做什麼則視其內在程式而定。如果能學會神經語言，則就能改變程式，從而改變了這部電腦的功能，即改變了行為。

肆、五蘊模式與潛能激發五大策略

潛意識既然會影響我們行為，而潛意識又如何被激發呢？我們可以利用圖三加以解釋。在圖中共有五大要素，我們亦用臉上的五官來比喻，如圖四。

第一個要素就是情緒狀態。情緒狀態可藉由嘴巴動作而調整。因為臉部肌肉約有八十多條，而牽動數百條控血棒，能夠很快傳遞訊息至大腦，進而很快改變神經鏈。就好比我們因高興而笑，但是，也可以因笑而高興。對著鏡子做出笑臉，很快

---

2 Anthony Robbins(1991). *Awaken the Giant Within* NY: Simon & Schuster.

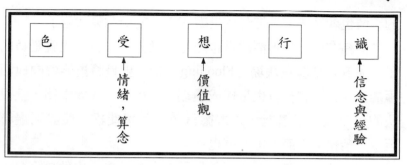

圖三　五蘊與潛能激發

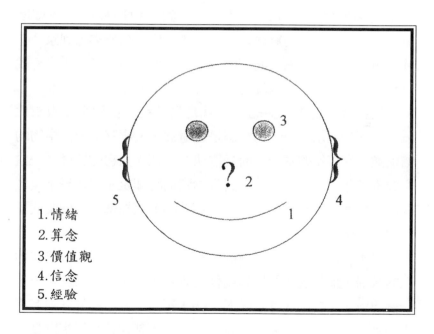

圖四　潛能激發五大要素圖

的心情也就愉快了，這時就是處在正面的潛意識狀態了。

　　情緒在負向時，潛意識也隨之在負向，而行為也就是負向了。尤其是情緒在決堤（Flooding）時，更是將潛能帶向負面極端，如此影響行為也是變成極端了。因此，改變情緒，就很快的可以改變了潛能。如古德言「勢不可使盡，使盡則禍必至」，情緒的調適不可不慎也。

　　第二個影響潛能的要素就是現在在想什麼，也就是算念。其實算念影響潛能是經由影響情緒再影響潛能的。如果，你現在下班要回家，而你的算念是：「我如何用最快的速度回家？」另外一個人的算念是：「我們如何快快樂樂的到家？」我們可以預測這二個人開車的行為是如何的不同了。「念」就是今心，現在的心，也就是當下。

　　第三個影響潛意識的因素就是價值觀，我們用雙眼來比喻；一個是追求快樂，另一個是逃避痛苦。事實上一件事物的價值並不在事物的本身，而是取決於一個人對它的詮釋。一盤牛肉對某些人而言是美食，對素食者而言卻是避之猶恐不及。因此，每個人都有自己的快樂及痛苦的價值標準，這個價值標準就是目標。

　　日本有位有名的白隱禪師，有一次在路上遇到一位倒在地上的孕婦，他很慈悲的接她到他的寺中，不久，孕婦就生出了一個男嬰，由於她的身體虛弱，奶水不足，白隱禪師就抱著小男嬰到處向人家要米粥。這時，村莊的人都在背後指指點點，並散播著「白隱禪師和一個女人在寺中亂搞男女關係，並且生出了一個男嬰」的謠言，但是白隱禪師就當作沒有事一樣，仍

然每天抱著小孩在村民間走動著，過了不久，村民終於了解到真相，大感慚愧，紛紛跑到寺中向禪師下跪要求原諒，他們對禪師說：「師父，您當時為什麼不糾正我們呢？」白隱禪師就寫下了「風、流水及水邊之鳥啼聲」之千古名言。

它的意思是說，風及流水都是自由自在有自己的方向，不會因為水邊的鳥啼聲，而影響其方向。的確，人如因能確立自己的目標，就不會為眼前與目標無關的瑣碎的事物所干擾。我們可以說價值觀（目標）會影響我們的算念，進而影響了情緒，而影響了我們的行為。

影響潛意識的第四個要素稱為信念。由於相信自己能做什麼，因此就影響價值觀，而有了目標，再影響算念，最後影響情緒。

影響潛意識激發的第五大要素稱為經驗或第八意識。它就是潛能的終極代表。我們所說的、做過的及想過的每個事物都會在腦中形成關聯，轉變成為心靈程式，這個程式決定了信念系統，再決定價值觀，而影響了算念，最後形成了情緒狀態，從而決定了一個人的行為。

伍、空性與潛能激發

張太太回到家做好了晚餐，等待先生，而先生回家後看到太太竟然忘了炒高麗菜，於是就非常生氣的責罵太太說：「我特地從辦公室打電話給妳要妳炒冰箱內的那半顆高麗菜，而妳

竟當成耳邊風,一點都不尊重我。」如果你是這位張太太,你會如何反應?大聲回罵?來個不理不睬?據理力爭?含淚忍受?或是……?

其實在日常生活中,我們對於一些外界的刺激,都有好壞喜惡的分別,而產生了「正向反應」與「負向反應」之行為。而善解就是要將負向反應轉成正向反應的一種功夫。亦即把事物往好的方向解釋。

上面提到的這個真實案例中的張太太,她就利用善解的功夫而圓滿處理這個本來應該是「負向反應」的刺激。她對於先生的大聲斥罵,心裏想要如何善解呢?大聲斥罵如何轉變成「好事」呢?這時這位太太不禁笑了起來,先生一看太太竟然用笑臉對他,不禁罵了一聲:「神經病,罵妳,而妳還笑。」太太深深的對他一鞠躬,並回答說:「感謝我親愛的老公,聲音如此宏亮,表示身體健康,老公的健康身體,是老婆幸福的保證。」大家可以猜猜看,這場風暴的結局是如何。到了晚上臨睡前,先生就向太太道歉了。

自然界是中性化與空性化的,是「不增不減」、「不垢不淨」、「不生不滅」的。從這個定律來看,每一個負向的經驗都會受到一個正向經驗的平衡,使得我們能保持中性的狀態。

前述的那位太太,當感受到先生大聲斥罵的「負向刺激」時,她能立刻將算念轉向「身體健康才會有大聲的斥罵」的「正向經驗」,而保持中性。

因此,我們可以用符號來表示善解的程序:〔-1〕+〔+1〕=0。從這個層面而言,負向並非就是不好,因為有了負

向，才有機會激發出正向，使我們有學習成長的機會。

弘一法師曾經說：「我希望失敗，因為從不圓滿，失敗中，才能引起大懺悔。」證嚴法師也說過：「逆境在佛教中稱為增上緣，碰到逆境來，應心生感激——可遇不可求啊！」這是何等偉大的善解功夫。

外界刺激　內部產生

$$[-1]+[+1]=0$$

負向經驗　　正向經驗　　中性經驗

圖五　善解的程序

面對外界的刺激，禪宗重視的是如何保持一個如實的中性的意念面對它，將它視為學習的經驗。例如：

・它讓我學到什麼？
・它讓我看到自己的哪些缺點？
・它讓我對生命多了哪些了解？
・我是否能用「寬廣」、「感恩」或「歡喜」的心態去面對它？
・我是否能跳脫開來，重新看待它？

　　當我們用心回答這些問題時，心態就會改變。「非來變為是，惡來即成善，任何是非皆善解之，即無是非」。[3]

　　善解也是一種對事物式經驗的重新賦予意義的過程。這種功夫就是一種創造力的表現。在日常生活中，我們在不知不覺中受到潛意識的控制，而對事物或經驗給予意義或主觀的評估。事實上，這些意義是我們的認知的表現而已，並不具先天上的意義。

　　善解有一種重塑情境（Reframing）的效果。重塑情境是心理學的術語，它的意思是改變情境的意義以達到重新更改它的意義的目的。本來是藝術界最先提出，他們認為改變畫框（Frame），則整個畫看起來就不一樣了。用在心理現象，就是事實不變，但是看法改變，則意義就不同了。利用重塑情境的理論，我們可以藉以下二種方法而對情境重新賦予意義。

　　第一種方法就是改變方向、改變角度，則整個畫就有不同的意義了，稱作轉位式善解。而第二種方法是改變認知的態度，就如同換了一個畫框，即可改變整幅畫的效果了，稱作轉意式善解。

　　舉下列數例說明如下：

1.後面車子猛按喇叭：後面的車子一定是有急事，讓它先過，也是給人方便的好事一樁。

2.同事經常扯後腿，挑我的毛病：感謝他，若沒有他的扯後腿，我的腿勁無法練強。也要感謝他磨我這顆尚未光亮的鑽

---

3 證嚴法師，**靜思語**，p.89。台北：九歌

石。鑽石是需要被磨才會光亮的。

3. 所得稅還要補繳：這是好事一樁，表示收入更多了。

4. 出門踢到石頭，腳指痛得非常不舒服：還好！會痛，表示我是健康的。如果不會痛，那就要擔心了。所以我要用歡喜心接受它。

5. 生了一個殘障的小孩：上天為了要成就一對特別的父母，因此，給了我們一個特別的孩子。

6. 活動中，自己只擔任配角：其實一盆花除了紅花外，也需要綠葉的襯托，才會顯出盆花的美麗。更何況綠葉活得比紅花更長久呢！

7. 先生詛咒小孩說：「除非變天，否則這孩子不會變聰明。」這是一個太太遭遇到的實例，她為這句話不能善解而煩惱不已。禪師告訴她說：「這是句祝福的話！天不是常在變化？所以你孩子當然是變聰明了。」

8. 上司經常對我大聲責罵：上司罵我，應該感謝。因為他還對我看重。如果我做錯事，上司不理我，那我才要擔心呢！因為他已放棄我了。

9. 有位同事毛病一大堆，惹人厭：讓我轉個方向看看他吧！就像一個稍有缺口的杯子一樣，「除了那微末的一角之外，整個杯子不都還是圓的？每個人都有缺點，若不去計較缺點，則這個人就是很好的人。」4

　善解通常是建立在感恩之基礎上，由於心懷感恩，因此能

---

4 證嚴法師，**靜思語**，p.235。台北：九歌

夠凡事往好的方向去賦予意義，也唯有如此，生活才能圓融，
算念才會充滿歡喜。人在歡喜時，自律神經平衡，網狀組織內
皮細胞鹼性，這是一個身心都舒暢的狀態，當然，這時候我們
的行為也是最恰當的了。我們可以說煩惱就是一種無法善解的
事物或經驗。

　　我們的心靈如果要保持常常快樂，就必須不把人與人之間
的事當成是非，別人一句無心的話，因為無法善解就會掉入煩
惱的泥沼中。所謂「一善破千災」，一點也不假啊！其實，一
切有形的事物，本身並沒有得或失的意思，而是有情眾生的我
們安排自己於得與失的生活之中。唯有用「歡喜」、「感
恩」、「寬廣」的心去善解它，才不會迷惑於煩惱而不得自
在。更可以發揮創意，開創光明、快樂的生活。而一念之差，
就決定了成功或失敗。

陸、算念與潛能激發

　　成功者與失敗者的最主要差別就是在面對逆境的經驗中所
抱持的算念。失敗者的算念是「我失去了什麼？」而成功者的
算念是「我還擁有什麼？」及「我從這個經驗中得到了什
麼？」

　　愛迪生在年輕時，有一隻耳朵聽不到。晚年的時候，曾經
有人問他說：「愛迪生先生，你一生最大的遺憾應該就是你有
一隻聽不到聲音的耳朵吧？」愛迪生回答說：「一點也不會，

我因為耳聾而聽不到冷嘲熱諷、閒言閒語，反而更能夠專心我的研究工作呢！」

曾獲得十大傑出青年的口足畫家謝坤山先生，沒有手，也失明了一目。記者問他成功的秘訣是什麼？謝先生答道：「我不問我失去了雙手，我只問我還擁有雙腳還有嘴巴呀！」

失敗者的算念往往放在過去的失敗經驗上，而成功者的算念卻是放在明天的挑戰上。如同西方諺語所說：「不要為傾倒的牛奶哭泣。」因為那是無濟於事的。

有位高中物理老師因為一場意外而摔斷了雙腿，她的算念不像其他人一樣的自怨自艾，而是：「上帝對我一定有特別的任務吧！」因此，她的算念就是在找尋「她能做什麼」的答案。最後，她發現輪椅太笨重有許多缺點，於是她致力於發明新式的輪椅，最後，終於創立了有名的輪椅設計公司。這就是美國有名的瑪莉蓮設計公司的故事。

在日常生活中，我們往往把算念放在找問題上，也就是喜歡問「為什麼？」而把資源大部分用在找原因上。事實上，如果我們的算念是「應如何？」則會把資源放在解答上。如此，很快的能達到我們的目的。因此，成功者與失敗者算念的差別在於一個是 HOW（如何），一個是 WHY（為什麼）。

行動導向往往比問題導向會帶來更多的效果。因為問題導向往往需要更多的時間，而且知道問題的原因後，仍然要採取行動。學生考試不及格，父母或老師常常會說：「好好去檢討，為什麼考不及格？」其實與其讓學生將算念放在問題上，不如改為：「好好想一想，下次如何才會考得更好？」如此學

生命教育論叢

生很快能採取行動。

　　成功者之所以能成功的秘訣之一，就是能立刻從環境中的問題點轉化為機會與解答的能力。在這個轉化過程中，成功者對事情的看法是抱持「有可能」與「尚未成功」的算念，而失敗者往往是遭遇到挫折時就宣告放棄，抱持「不可能」、「已經失敗」的算念。成功者因為抱「有可能」的算念，他在遭到推折時，會繼續尋求機會，例如：

　　・花更多的時間也不行嗎？

　　・花更多的錢也不行嗎？

　　・換別人做也不行嗎？

　　・改變做法也不行嗎？

　　・更換場所也不行嗎？

　　・投入更多的人也不行嗎？

　　・能否得到其他方面的協助？

　　在從這些問題進一步尋求答案的過程中，便能發掘許多的機會。

　　成功者與失敗者算念的差異，造成了情緒的差異，而影響了行為，最後造成了命運的不同。以表一列出差異。

表一　成功者與失敗者的算念

成功者算念	失敗者算念
1. HOW（如何）	1. WHY（為何）
2. 找解答，機會	2. 找問題
3. 擁有什麼（得到什麼）	3. 失去什麼
4. 尚未成功	4. 已經失敗
5. 有可能	5. 不可能
6. 明天的挑戰	6. 過去的失敗
7. Give（給）	7. Take（拿）

柒、結論——實踐與理論

　　自我管理，依佛法的觀點，乃在轉凡夫之知見為佛之知見，亦即般若智慧。五蘊模式乃在主張體認不生不滅的真心，若能從容面對生活中所有之一切，由禪宗的心理平靜與思想行為之如法中體會，自然如理如儀，自然獲得人際間的和諧與互助互愛[5]。

　　管理是科學，因為它需要運用邏輯乃分析的技術去面對事物。管理也是藝術，必須利用判斷、反射、思考及直覺來面對人的問題。事實上，人不僅僅從工具性資訊的獲得就能做好管理的工作，他必須不斷的從歸納、實踐中去獲得一些非量化、

---

5 曉雲法師。**天台家論集**，原泉出版。

非系統化的知識。

　　知識的分類可分為外顯及內隱二類[6]，如表二所示。

表二　知識分類

外顯知識	內隱知識
・演繹	・歸納
・理性	・經驗
・量化	・直覺、價值
・類位知識	・類比知識
・規格、手冊	・隱喻、圖畫

　　禪宗重視實踐，而藉事練心中培養宏觀的經驗、價值、直覺，並能藉實踐而歸納出類比的內隱知識，再佐以科學性、工具性的理性知識，經過演譯而獲得之外顯知識，而達到自我管理的目標。五蘊模式，提供了一套藉情緒、算念（受）、價值觀、信念（想）及經驗（識）的「調心」而使粗獷浮動如塵囂的凡夫心，能經善導而轉識成智。[7]

---

6 野中郁次郎、竹內弘高著，楊子江譯（1997）。**創新求勝**，台北：遠流。
7 王士峰（2000）。五蘊模式在自我管理之應用，**兩岸當代禪學論文集**，pp.379-400，南華大學宗教文化中心出版。

從終身學習的角度
看生命教育的推展

東華大學　助理教授　　羅寶鳳

壹、前言

　　最近社會上發生很多事件，令人感歎生命的脆弱與無常。男友得不到女友的愛情，便潑硫酸以洩恨；夫妻爭吵，媽媽便帶著孩子強灌農藥後自殺；考試考不好，學生就跳樓結束自己年輕的生命，甚至，有女碩士因為失業太久，而跳樓輕生。這些層出不窮的生命事件，常常在我們的社會中上演。使我們在感歎這些人的傻與不懂得珍惜生命的同時，我們不禁要想，我們的社會出了什麼問題？是什麼樣的問題，使這麼多人寧願放棄自己生存的權利，而選擇使自己痛苦也使別人痛苦的方式來結束自己寶貴的生命呢？或許在他們決定不想繼續生活在世界上時，他們已經感覺不到生命的寶貴及生活的意義了，所以他

們會如此輕易地選擇放棄生命。

　　事實上，人為什麼而活著？活著的意義到底在哪裡？這些生命的「終極疑問」，也同樣困擾著我們這些還繼續努力生活著的人。每個人在一生當中，多多少少都曾問過自己這些問題。人生到底在追求什麼？人生的意義和目的到底在哪裡？幾千年來，人類問著同樣的問題，而古今中外的哲學家、宗教家、教育家及學者也嘗試為人類的存在解答，卻仍依舊得不到令人滿意的答案。幾千年來人類經驗的累積，並沒有給我們足夠的智慧去解決面對生命時所碰到的種種難題。邁入二十一世紀的我們，依然面對著許多生命的議題而不知所措。

　　二十世紀已經要結束了，它留給我們的，是一個變化快速的世界。珊提斯博士曾在她的《創造未來》一書中提到，「不斷的變化」是我們唯一能預知的趨勢（戴保羅譯，民 88：23）。電腦科技的快速發展，政治經濟的不斷變動，使我們生存的社會愈來愈難以預測。在這樣一個不確定感高漲的年代，外面的世界瞬息萬變，使得生命的存在更加難以定位。

　　但不論你願不願意、喜不喜歡，人類在其一生中，終必面對存在與死亡的問題。在這從生到死的生命過程中，到底有多少問題是我們會面臨的呢？存在主義認為人生有六大命題值得深思，第一是「自我覺察的能力」；第二是「自由與責任並存」；第三是「獨特性與群集性兼有」；第四是「意義的追求」；第五是「焦慮是人生的一部分」；第六是「死亡與不存在的覺察」（黃德祥，民87：6-7）。筆者認為這其中，意義的追求這個議題，比起其他的幾個議題，對生命的存在有舉足輕

重的影響力。人的一生努力與奮鬥，無非就是在追求生命的美好意義，一旦生命的意義沒有了，生存的動機便相對減弱，意義感喪失的問題，輕微者渾渾噩噩過一生，嚴重者常會採取激烈的手段來結束自己的生命，影響之深，實在不容我們輕忽。

貳、生命教育在學校中的推展

伴隨著生命的開始，生命的議題就開始出現在我們生命的每一個階段。從小到大，每一個成長的過程都有些生命的關卡要度過，一路走來，有的人走的平安順利，有的人走得巔簸難行。而青少年階段是對生命最疑惑不解的時期，許多年輕的生命找不到該有的定位，身心的未成熟，導致一般年輕人在面對挫折與不如意時，生活苦悶抑鬱，找不到生命的出口，其中有人怨天尤人，自暴自棄，更有人否定自我的存在，甚至自我傷害。校園中接二連三的意外與傷害事件，實在值得我們深思。我們的下一代到底在想什麼？我們的教育到底出了什麼問題？一直忙著追求經濟與文明成長的我們，是否應該好好想一想，我們的社會提供了什麼樣的環境給下一代成長？為什麼他們一路走來，要比我們以前走過的路辛苦許多？

為了因應層出不窮的校園事件，政府從八十七學年度起，於國中推動生命教育之課程，並逐年推廣到高中職。透過由上而下的政策宣導，要求學校行政單位與老師加以規劃設計，藉由課程設計與體驗活動，使學生了解生命的意義，學會包容、

接納、欣賞別人，進而建立樂觀進取的人生觀。

學校中所推行的生命教育，總目標有四：第一、輔導學生認識生命的意義，進而尊重生命、熱愛生命、豐富生命的內涵；第二、輔導學生認識自我，建立自我信念，進而發展潛能，實現自我；第三、增進人際關係技巧，提升對人的關懷；第四，協助學生建立正確的人生觀，陶冶健全的人格。而生命教育的實施原則包括：第一、各校應利用週會、班會、導師時間、空白課程等時間進行教學及實施體驗活動；第二、各縣市政府應依據地區特性與需要，發展地區性之教材；第三，各校應加強教學方法之改進，配合各科情意教學，達成「生命教育」的目標；第四、各校應重視師生參與原則，透過師生積極參與，建立共識，提升教學效果；第五、各校應統整學校及社區教育資源，營造適切的學習環境（臺灣省政府教育廳，民87）。

從以上生命教育的計畫目標與實施原則來看，用意都非常良好，本來這些議題就應該要納入學校教育的學習內容中，過去的學校教育因為考試制度的僵化，早使得學校中的學習內容與生活脫節，甚至可以說，與生命脫節。如今在上位的教育高層，開始意識到生命教育的重要性，而希望將生命的議題加入學校的課程內容，進行教學與體驗，希望經由生命教育的實施，讓學生認識生命的意義，減少偏差行為的發生。

然而，目前各個學校推行生命教育的情況，仍有待改進。陳芳玲（民87：30）曾對目前生命教育課程內容作一些批判，認為生命教育的立意雖好，但卻無法對生命教育、道德教育、

倫理教育、人文教育、全人教育及環境教育等的內涵做清楚的
區隔，容易使計畫實施變得模糊與混淆。另外，陳芳玲還認為
生命教育課程的主要議題不只內容廣泛，且相當抽象。如「欣
賞生命」、「生於憂患」、「應變教育」等，並和其他課程有
重疊的部分，如「做我真好」、「敬業樂業」、「生存教育」
與輔導活動科課程重疊；「信仰與人生」與公民科課程重疊
等，課程重疊在實施前若未相互協調，會影響時間的運用與學
習的效果（陳芳玲，民 87：31）。

　　筆者曾於民國八十七學年度任國中輔導組長一職，親身經
歷在國中生命教育課程執行與實施的過程，事實上，筆者認為
學校中生命教育的推展，就可以搭著目前正如火如荼在進行的
九年一貫課程的修改，將生命的重要議題與內容納入一般的課
程中，而不要單獨另外進行，否則在升學主義掛帥之下，教師
與學生依然會有偏頗的選擇，對於生命教育推行的活動終將流
於形式，而這可能是目前學校中對推展生命教育時所面臨的問
題之一。並非每個學校都認真用心執行，大部分的學校都只是
因為教育部下文到學校，成為一個不得不執行的業務，很多老
師因為原來課程的進度無法趕上，或者本身並沒有這方面的概
念，也都只是應付了事。這樣的情況下，學生並無法從中真正
學習到對生命的探索與尊重。

　　事實上，目前大部分對生命教育的文獻與強調重點大都集
中在學校階段，學生離開學校之後，難道就不需要生命教育了
嗎？社會上層出不窮的生命事件，在在都顯示，我們的成人對
生命的認識與對生命意義的追求，仍有很多學習的空間。而生

命教育也是一種發展的教育（曾文忠，民 84：15），因此，成人階段也應提供給予生命教育的學習機會，畢竟成人是社會的中堅，在現實生活中，成人也面臨無數的問題與考驗，因此，生命教育的實施與探討，不應只停留在學校階段，而要由學校擴展到社會，以「終身學習」的概念來推展生命教育，讓社會上的成人也有機會學習去感受生命的意義、價值與尊嚴。

參、終身學習與生命教育

　　近幾年來，終身學習的議題經常被提出來討論，因為它是學習社會的基礎，也是未來生活發展的主流趨勢之一。從字面上的意思來看，終身學習的概念是建立在「終生」、「學習」、「生活」的基礎上。終身教育可以說是生活的一部分，從出生到死亡，都是學習的過程，學習的內容則包含生活的內涵與重心。

　　建立一個自己滿意的生活，是成人發展的階段任務之一。怎樣的生活，才是我們想要的？在電視上，我們常看到琳琅滿目的汽車廣告，其實這些廣告背後的訴求，並不是在開一部什麼樣的車，而是在過一個什麼樣的生活。或許有很多成人都曾經有過這樣的疑惑，我們如此辛苦奮鬥掙扎，所為何來？透過我們不斷的努力所建立起來的生活，是否有存在的價值？當目前文明與科技不斷創新、一日千里的時候，這些問題卻仍停留在原地，繼續困擾著我們。更糟的是，當外面的世界變動越快

速時，工作的本質隨之變動，失業率居高不下，甚至因為經濟風暴，股市下挫，全民財產縮水，導致生活的品質受到不可避免的影響，我們為生活奮鬥掙扎的意義，就越顯得空泛、渺茫而難以追求。

談到生命教育，對一個成人來說，具有什麼樣的意義？大部分的成人已離開學校，投入工作市場，為每日的生活汲汲營營，有什麼樣的機會與場合，可以提供成人生命教育的內容？如果以目前學校中推展生命教育的方式，以上課來教導成人「生命是寶貴的」，就如同倡導「健康是重要的」一樣的流於形式。大家都知道，健康是重要的，卻仍無法努力地維持健康。因此，我們對成人應該要提供另一種形式的生命教育。

生命教育的推展對成人的意義是，學習對生命意義的重新認識與追求。與其說對成人提供生命教育，不如用提供成人學習的角度來代替。因為教育是比較站在施教者的立場，「給予」受教者一些施教者認為重要的內容；而學習則是比較站在學習者的立場，提供學習者想要學習的內容。透過成人的繼續學習，給予生命相關議題的深入探索，甚至，愉快的「學習」經驗本身就是一種生命的意義，學習可以帶給人意想不到的思考空間，當生命碰到挫折時，可以轉換另一種思考的觀點，來看整個事件，也就可能帶來完全不一樣的結果。

學者認為追尋生命的意義是人類的本能（Maddi, 1970），然而幾千年來，無數人追尋的結果，卻仍得不到滿意的答案，因為每個人對人生都有不同的解釋。弗洛姆認為生活本身並無意義，意義的產生都是人類所給予的（Fromm, 1949：44）。Javis（1987）認為人生的經驗對意義的產生很重要，因為意義的產生來自於對經驗的反思，Mazirow（1991）也相信意義的產生，關鍵在於人們如何解釋他們的經驗。因此，對我們重要的是在生命的過程中，我們如何賦予生活意義，我們如何詮釋我們生活的經驗。

綜合許多文獻的探討，可以整理出學者們對追尋生命的意義有以下幾點結論（Merriam & Heuer, 1996：247）：

1. 經驗本身並沒有意義，是人們賦予經驗意義；
2. 人們賦予經驗意義，乃基於過去經驗與知識的累積；
3. 意義的產生和環境脈絡有關係；
4. 經驗中追尋意義是人性的需求。

成人的學習與生命意義的追尋有什麼關聯？很早以前，Dewey（1917：89-90）便曾結合意義的追尋、生活經驗與學習。Mezirow（1991）提出學習就是新經驗的產生；Javis（1992）也認為學習就是持續對日常生活經驗賦予意義與尋求了解的過程。因此，成人的學習本身即是賦予我們對解釋經驗與產生意義的機會。Mezirow（1991）更將意義的追尋與成人的發展畫上等號。他認為意義的追尋是一種觀點的轉換，而觀點的轉換是成人發展的重要過程。Daloz（1986）認為意義的追尋是成人學習的基本動機。Kegan（1982）相信做為一個人的過程，就是一個追尋意義的過程，而追尋意義能力的發展，是人們對現代生活需求的一種調適。意義的追尋、學習與發展基本上都是一種認知發展的過程，他們是會交互影響的概念。

Sinnott（1993：109）也把意義追尋、學習與發展結合在一

起,而稱之為「後形式運思期」(postformal thought),是一種更高層次的發展,這種認知的發展可以幫助成人發展成熟度,統整事情,給予生活意義,並找出人們生命與死亡的意義,使我們對存在的掙扎具有意義與價值。

Merriam 和 Heuer(1996)也認為外面的世界發展太快,生活在其中的我們無法跟上速度對外界作合適的反應,因此,gap 就產生了,也就是說,在我們能做的與我們必須做的,中間有一個 gap,這個 gap 使我們產生了對現代生活的一種心理負擔(the mental burden of modern life)。因此,我們需要發展更高層次、更複雜的認知結構,才能使活在現代生活中的我們,有更強的生活功能,對我們的存在有更滿意的解釋。

許多成人學習的文獻中,也常討論到成人在生活中,發生重大事件時,如離婚、失親、失去工作、生涯轉換等,會透過繼續學習,來重新尋找生活的意義。反觀我們的社會,當人們碰到重大事件時,常沮喪失志,覺得自己好像失去了生活的目標與意義,嚴重者,以輕生的行為來結束自己的生命。其實,在面臨人生的重大事故時,正是成人一個非常重要的學習契機,因為,此時生命的意義面臨重大的考驗,正需要重新學習,以發展嶄新的思考觀點,來面對生活中原有的挑戰與考驗,不只是在重新學習生命的意義,更是經由學習的體驗,重新對生活有更深一層的認識。

根據以上的討論,要透過終身學習以追求生命的意義,成人教育工作者可以做的事有以下三點(Merriam & Heuer, 1996):

1. 提供更多元及多樣化的經驗給學習者，挑戰學習者有不同思考，並透過學習，提供不同的觀點供學習者參考；

2. 因應外在的改變所帶來的威脅，提供一個安全的學習環境，使學習者在成長與發展的過程中有安全感，因為只有在安全與信任的氣氛中，真正的學習才可能產生；

3. 成人教育工作者應以身作則，在教與學的情境中尋求意義，再引導學生去追尋人生的意義，作為學生的「良師」（mentor），良師的角色包括提供支持，提供挑戰的機會，以及提供願景的發展。

肆、結論

人的一生本來就會碰到許多挫折，或許沒有挫折的人生，不算是真正的人生。因為有挫折，才使我們的生命更加歷鍊，愈發顯現生命的價值感與意義感。只是每個人對挫折經驗的詮釋與忍受力，皆不相同，因而激發出不同的生命歷程。生命教育的可貴，應該不只是消極的讓我們懂得珍惜生命而已，更重要的是使我們積極的重新認識生命的意義與價值，活出更亮麗的生命樂章。

本文是從終身學習的觀點，看生命教育的推展，除了在學校中的普遍實施外，更應擴展到社會上的成人，提供他們更多的學習機會，不僅學習轉換不同的觀點，來重新詮釋自己的生活經驗，追尋生命的意義，更透過愉快的學習經驗，體驗生活

的意義感，增加生命的動力。而身為教育工作者的我們，不但
自己要能以身作則，不斷追求生命更深刻的意義，並要適時提
供學習者良好的引導，使他們能嘗試在生命轉彎的地方，透過
學習，重新出發，雖然這不是一件容易的事，但只要想到有許
多人每天都可能為了生命，與死神戰鬥，我想再崎嶇坎坷的
路，我們也不會感到孤獨。

參考書目

陳芳玲（民 87）。生命教育課程之探究，**輔導通訊**，55 期，
　　29-34。

曾文忠（民 84）。從全人發展角度看生命教育的意義與內涵，
　　輔導通訊，44 期，12-16。

黃德祥（民 87）。生命教育的本質與實施，**輔導通訊**，55 期，
　　6-10。

臺灣省政府教育廳（民 87）。臺灣省國民中學推展生命教育實
　　施計畫，**研習資訊**，15 卷，4 期，8-11。

戴保羅譯（民 88）。**學習地圖——21 世紀加速學習革命**。台
　　北：經典傳訊文化。

Daloz, L.（1986）. *Effective teaching and mentoring*. San Francis-
　　co: Jossey-Bass.

Dewey, J.（1917）. *Democracy and education*. New York: Macmil-
　　lan.

Fromm, E. (1949). *Man for himself.* London: Routledge.

Jarvis, P. (1987). *Adult learning in the social context.* London: Croom Helm.

Jarvis, P. (1992). *Paradoxes of learning.* San Francisco: Jossey-Bass.

Kegan, R. (1982). *The evolving self: Problem and process in human development.* Cambridge, MA: Harvard Press.

Maddi, S. R. (1970). The search for meaning. In A. Williams and M. Page (eds.), *The Nebraska symposium on motivation.* Lincoln, NE:University of Nebraska, 137-186.

Merriam, S. B. & Heuer, B. (1996). Meaning-making, adult learning & development: A model with implications for practice. *International Journal of Lifelong Education, 15* (4), 243-255.

Mezirow, J. (1991). *Transformative dimensions of adult learning.* San Francisco: Jossey-Bass.

Sinnott, J. D. (1993). The relationship of postformal thought, adult learning, and lifespan development. In J. D. Sinnott (ed.), *Interdisciplinary Handbook of Adult Lifespan Learning.* Westport, CT: Greenwood Press.

從新課程的理論基礎
談生命教育的實施

台北縣立頂埔國小　校長　　吳清男

壹、前言

「生命教育」的課題，近年來已漸成為國內教育界共同關注和探討的顯學之一。在類似的研討會上，一談起生命教育的相關主題，人人莫不以一種亢奮激越的情緒來面對它。此蓋人總認為最了解人類自己，尤其對於自身之生命，最知道如何描繪和掌握其面貌和脈動。實則連蘇格拉底都認為「知汝自己」之難，遑論一般凡夫俗子；這或許是所謂應然面與實然面之落差吧！

生命應落在某種情境中產生交互感通作用，才能彰顯其生動豐富的意義；孤立絕緣的個體，談生命的意涵，將會落入偏枯的窄化窘境。情境的營造，是要深化生命內質並展現生命的

寬廣度，讓生命能圓融地完成它自己。但這樣的想法是成熟的個體較易掌握的範疇，對於未成熟的個體，如何引導其進入生命長河，並產生汩汩向前奔流的動能，實是教育界所應深思者。

所幸新課程已將生命教育列入其新興課程領域內，希藉由正式課程之設計，讓學生從小即關注其生命如何營造，俾便於生命長河裡注入活水源頭，甚或激起美麗浪花。但此是在一般正常課程規劃下的假定，此假定是我們已了解新課程的相關意圖。因此，如果我們要真切掌握生命教育的設計內涵，實有必要了解新課程的理論基礎，因為課程設計是要建構在理論基礎之上的；否則，但憑己意去揣摩拼湊，恐落入「土法煉鋼」、令人心虛不安之困境。因此，本文擬就新課程之理論基礎加以分析，並試圖就分析之內涵，提出實施生命教育之可行策略，俾作為未來國中小實施時之參考。唯筆者閱歷不豐，所知有限，尚祈方家賜正。

貳、新課程之理論基礎分析

生命教育之規劃，必須建構在新課程的理論基礎之上。毫無疑問的，一新措施之推動，若不知其然，是無法叫人心安的；心不安，是失敗之半，遑論抓準目標或方向之羅盤。因此，新課程之理論基礎為何？其內涵意旨何在？是吾人於設計各種課程時，必須深思者。

然則，新課程之理論基礎為何？陳伯璋教授在其「九年一貫課程的理念與理論分析」一文中，認為新課程隱含下列三種理論（民88）：

一、人文主義：其主要精神在於㈠帶好每位學生，提供適性教育，不放棄任一學生；㈡強調人本情懷，包括了解自我、尊重他人及不同文化。

二、後現代主義：在「去中心化」、反威權、反體制、非連續性、多元化之時代思潮衝擊下，從教育「鬆綁」到「解放童年」；從表現「權力下放」到「解構威權」及「反文化霸權」，處處可見後現代主義的影子。

三、知識社會學的分析：課程中所選擇的知識，不只是一種價值的選擇，亦是權力的結構與分配的社會深層問題。在傳統社會，知識的分配是聚集型的（collective），但在現代開放的社會中，知識已朝向統整型（integrated）發展，此已使知識分配走向世俗化和多元化。

　　歐用生教授在「九年一貫課程之『潛在課程』評析」一文中，就新課程之精神特色深入探討指出：統整課程和學校本位是進步主義的主張；能力導向的課程觀是行為主義的表徵，二者所隱含之基本假設實不相同（民88）：

一、進步主義的主張：強調知識是個人或團體用以探討生活中爭論問題之動態工具；知識是一種權力，能讓人掌控其生活。此種知識能讓人從真實生活中去界定問題，並將知識應用到具個人意義與社會意義問題上。總之，進步主義強調「參與的計畫、脈絡化的知識、真實的爭論以及統合的

知識」。

二、行為主義的表徵：擬訂基本能力作為課程設計之依據，採
　　用目標模式將基本能力化約為行為目標，化約為意圖之學
　　習結果。此種能力觀，一則採取外在的現實觀，視現實為
　　外在於個人；一則採取實徵主義之認識論，視知識為客觀
　　探討的結果。學習是環境或外在刺激的回應歷程，是直線
　　式的；知識可由教師直接傳遞給學習者，能力的獲得是教
　　學和練習的結果。

　　另陳順和、簡馨瑩在「從九年一貫課程綱要談學校課程評
鑑」大作中，認為一般課程於形成過程中，總會受到四種觀念
之影響，此次新課程之建構，亦隱然受到此四種觀念影響（民
88）：

一、學術理性主義：旨在促進學生智力、認知的能力，教導學
　　生如何學習；故著重學術性衍生之知識、技能與價值觀。

二、社會及經濟效率：旨在提供社會現在與未來之人力資源；
　　課程內容著重與將來就業、生涯發展有關之知識與技能。

三、以兒童為中心：旨在促進兒童潛能與智力發展機會之提
　　供；課程安排著重在學問全面性、統整性的學習歷程。

四、社會重建主義：認為學校是社會的改造者、改變者及領導
　　者；故課程內涵應著重社會的需求、問題的解決及理想的
　　追求的滿足。

　　綜上學者專家之論述，參酌筆者對新課程的體認，新課程
實深受實用主義、功績主義及後現代主義之影響。此影響可謂
無所不在、無時不在，不管新課程的建構者接不接受，只要稍

加留意，總不難看出端倪。以下就三者對新課程及教育影響之意涵略做說明，並就其意涵提出省思，俾作為生命教育規劃時之參考。

參、教育實用化、功績化及後現代化的意涵與省思

一、教育實用化之意涵

教育實用化乃強調教育之功能，在於透過教育之歷程，培養受教者具備在現實生活中，能夠產生某些效用或用以解決問題的知識與能力。此種教育理念，乃著眼於教育的結果，能否於現實生活中產生效用為思考依歸；凡能與現實生活相結合之教育作為，即是好的、應該發展的教育走向。

此種主張的代表人物為杜威（J. Dewey, 1859-1952），渠主張教育即生活、即生長、即經驗之改造。教育即生活，乃基於生活是不斷的自新與適應環境而來；教育即生長，乃「生活的歷程需要教育，而生活是生長的，故教育的歷程即生長」；同時，教育能使人在與環境的交互作用歷程中，不斷修改、擴展既有知能態度，以適應新環境，故杜威又主張教育就是「經驗的改造或重新組織，要使經驗的意義增加，要使指揮後來經驗的能力增加」（郭為藩、高強華，民 78）。

實用主義思想受經驗主義和唯實論影響甚大，二者皆否認有別於經驗而為知識原則之自明之理存在，一切知識皆源自感覺經驗；重視教育效能，主張「教育萬能說」；在教學法方面提倡直觀教學和感官訓練，注重教材和實際生活的關聯性（郭為藩、高強華，民78）。

二、教育功績化（Merit）的意涵

教育功績化乃強調教育的目標，在追求教育產出之最大效能、效率與效益；教育之成功與否，皆以其產出之「功績」為最大，甚或唯一判準。此處「功績」之意，就原始義有二：一為有價值或功勞之事件；二為所給予之酬賞，在學校教育上則強調學校經營之效能與效率之提升。

此種功績主義思想，在現代教育作為中，可謂無時不在，無處不有，處處講求教育之最佳產能、最優產值、最大產量，與經濟效益概念相結合，強調最大「本益比」效用，教育上不只要求「最佳經濟效益」，亦重視其附加價值之追求。

教育功績主義亦是一種結構主義思惟，強調透過教育歷程，選擇一批菁英分子，來帶動社會向前邁進；亦即採取一種努力原則，讓受教者努力往上爬至最高層，成為社會中堅。這種主張，體現在下列現象中：㈠社會階層與學歷高低呈現正相關；㈡學校績效化發展；㈢學校本位管理（S.B.M）；㈣全面品質管理（T.Q.M）引進教育領域。

三、教育後現代化（postmodernisation）之意涵

　　教育後現代化乃強調以後現代性之情境，重視多元與差異性之存在，反抗標準化之理性思維模式；主張教育典範應隨時更移，重視創新及新奇性，打破固定形式之教育窠臼；且教育情境隨時充滿矛盾、混淆、主客不分、因果不明之狀態，故教育之進行應透過互動對話方式，並融入遊戲形態中，才能進行理解溝通。後現代的「後」，是一種「辯證性的反」，是對現代所呈現的過於狹隘的理性主體進行批判；蓋狹隘的理性主體造成現代社會只重追求效率、秩序，以致人與人之間漸形疏離，生活亦失去自我觀照的能力。

　　教育後現代化的具體主張，表現在下列四個觀點：

㈠教育不應作為理性與科技掛帥下的工具人的培養，而應充分　發展不同文化脈絡下的個人潛能，以培養具獨特性之個人風　格。

㈡教育應從不同文化脈絡中去尋求線索，而非自單一主流或強　勢文化中去建構，故其目標和過程應朝向多元化發展。

㈢教育不應再被視為社會秩序之再製或社會工程之改造者；教　育並不具有控制力，且不應再被控制。

㈣教育應涵蓋不同層級與種類之參與者，故應以文化脈絡、局　部性及特性知識為基礎，將學習經驗視為生活風格統整過程　中之一部分（陳碧祥，民89）。

四、對教育實用化、功績化與後現代化的省思

由上述意涵之陳述，吾人對教育不得不有下列省思：

㈠教育之目的除了教人「謀生」之外，尤應教人「做人」

教育要教人如何為明日生活作準備，除教給生活知能外，人為社會之動物，人際間之互動尤其重要；人不能成為生活的奴隸，「人能役物，非物役人」，追求生活而忘卻做人的重要，將使人喪失人性，而造成社會之緊張與衝突，則社會之紛亂必不能免。

㈡教育要重視「品質管理」，但不能缺乏「人性化領導」

教育要注重產出的品質，尤其對於受教者學業的成就，不能忽略；但教育不只為了「品質」，而在過程中將對象全當作「物品」，否則組織的氣氛、學校的學習文化，必定十分僵化而無生機。尤其今日學校重建思潮，特重專業知能及情境領導之人性化行政管理策略；一味強調教育過程與結果的全面控管，將使個人需求與團體利益產生矛盾與對立。此亦是學校教育與一般企業組織不同處，領導者不能不三思。

㈢教育除重視個人生活與社會需求外，亦應兼顧個人興趣與價值之追求

教育要教導受教者獲得立足於社會所需之生活知能，亦應

配合受教者個體內在發展之可能性,提供適性發展機會,促成
其潛在能力的充分發揮。此種自我的充分實現,即是馬斯洛需
求理論之最高層級動機需求。完美的自我實現,是獲得與己身
能力、性向、興趣、價值觀……等理想自我的完成。此與教育
實用化與功績化之目標,自是相去甚遠。這令人想起美國之教
育,以實現民主主義之社會理想為目的,其目標在:⑴自我實
現;⑵人際關係;⑶經濟效率;⑷公民責任,實值吾人深思。

肆、新課程理論基礎下之生命教育實施策略

　　正如同前言所提及,生命教育之實施必須落實在某種情境
中,產生交互感通作用,才能彰顯其豐富的意涵。上文對新課
程理論之分析,正是在找出規劃生命教育時之情境脈絡。新課
程立基於後現代主義、實用主義及功績化思潮,對未來教育之
影響,前述已做了批判性省思;這些正是生命教育課程規劃時
的重要情境脈絡。後現代化強調的差異與多元,實用主義強調
的知識生活化與世俗化,功績主義注重的效能、效率與效益等
等,若不能在人性重於物性、目的理性重於工具理性的人性化
情境中進行,終將使教育陷入冷酷無情的技術取向,而造成主
體迷失的反人性化危機。此或是知識商品化、專家或理論不足
信,不重理論沉思,只重經濟效益的現代教育之困境吧!職是
之故,筆者以為生命教育之實施,於課程設計時,應朝下列方
向思索:

一、課程之安排應透過思辨歷程，以彰顯自我之主體性

西方學術若以蘇格拉底開始，即已十分重視思辨歷程。蘇氏謂「我非智者，愛智而已。」又謂「沒有經過反省的人生，是不值得活的。」此種沒有經由議論的人生，對人是毫無意義的說法，足以啟發吾人：凡事須透過理性的反省，以了解一切事物或規範的原因與理由。英國哲學家彌爾（I. S. Mill）說：「你願意做一個痛苦的蘇格拉底，還是做一隻快樂的豬？」痛苦的蘇格拉底勇於反省，不斷追求心靈的提升，故常陷於痛苦之中。快樂的豬則隨俗浮沉，無所用心，卻可沉湎於快樂之中（傅佩榮，民83）。然而人如何能從「痛苦的蘇格拉底」中超拔而出，成為一位能堅持真理、自我超越的快樂的人呢？我想這可從蘇氏的另一句名言「知汝自己」去探求解答。人須勇於面對自己的無知，始能有納百川而為海的胸襟，且能知己之極限，勿為已甚，以實踐蘇氏「知識即德行」之境界，亦即才能將自我之主體性彰顯出來。此亦即是「人終其一生之目的在於自我理解」之哲理意涵的最佳註解。

二、尊德性與道問學二者不能偏廢

在以孔子為代表之儒家思想中，早有好學深思、學思並重、溫故知新之說。中庸亦有「博學之、審問之、慎思之、明

辨之、篤行之」及「人一能之己百之,人十能之己千之」的說法。宋明理學家更是一面向外追求宇宙本體,一面向內心世界探尋靈明澄澈真幾之道,打造「尊德性」與「道問學」二極世界之深奧內涵。雖互有排拒和對抗,但同時都能迸出智慧之光輝,使圓成的人生得以實現。而孟子告子上篇:「學問之道無他,求其放心而已矣!」更讓我想起他那「余豈好辯哉?余不得已也」之雄辯滔滔神情。孟子之思想系統十分廣闊,兼具現實性與超越性,是一「極高明而道中庸」之系統,展現一「既內在而又超越」之人性世界。牟宗三先生曾指宋代理學中「尊德性」一路能直指孟子系統,是心學之正統;而「道問學」一路則為歧出,未能接軌孟子心學體系。此說雖仍有論辯餘地,惟影響近代儒學發展至鉅。另黃俊傑教授於《孟子思想史論》(民80)一書謂孟子思維方式有兩大特徵:一為具體性思維方式,二為聯繫性思維方式。欲深研孟子學者頗值參酌。

三、重視思想探索課程之設計

哲學思想之探索是一種追求「高貴的歡愉、智慧的樂趣」的歷程。培根說:「先發掘你內心的寶藏,你便不會缺乏其他的,或者你甚至就不覺得有其他需要了。」我想這應是從「痛苦的蘇格拉底」過渡到「快樂的蘇格拉底」的迢遙之路。思想探索之路雖辛苦,但若有所啟發和收穫,智慧增長的喜悅,豈是三言兩語所能形容?畢達哥拉斯說:「哲學是一種最深奧的音樂。」西諺亦有「真理雖不能使人為富,卻可使人逍遙無

憂」的智慧語。若以荷馬史詩中「奧德賽迷航記」之故事為
例,從喪失主體心智之迷惘到無深度不周延之單向度視野思
考;從豬身人心之苦惱到金嗓海妖之無上誘惑,以致迷失自我
的啟示;從是否能忍受無窮孤寂而實現自我之太陽神居住的小
島,到能否不迷失於溫柔與權力驕傲情境中之寓意,在在能撼
動人心(楊深坑,民89)。吾人是否能突破洞穴之陷阱、市場
導向之陷阱、偶像崇拜之陷阱等迷思,以宏觀之視野體現圓融
之生命,實為生命教育所應關注之重心之一。

四、生命教育應在文化情境及社會脈絡下進行

此處所云之人文情境乃指吾國固有之天人合一、民胞物與
之文化境界。此境界將人提升至與天同等地位,人道即天道;
天地孕育萬物,滋養蒼生,讓生命得以綿延,而人之性命本體
亦賴以完成。此即是「天之生民,有物有則,民之秉彝,好是
懿德」;人亦能以天地生物之心,參贊天地之化育,由成己而
成物。王陽明大學問有云:「大人之能以天地萬物為一體,非
意之也,其心之仁本若是。其與天地萬物為一體者,豈惟大
人,雖小人之心亦莫不然。」足證人人皆有一淳厚之心,皆能
推此靈明不昧之心,澤及萬物。此豈是今日某些好事逞能之
輩,徒心馳神騖於物慾橫流中所可比擬。此等處亦是生命教育
所應加以導正者。

次就社會之脈絡言,今日社會講求速食文明,輕薄短淺為
其特色,此種缺乏理論深度反省之社會,如何涵養具人格氣質

之國民？人若只具形體，而缺乏人性，則與自然物何異？而流行文化之大量製造，使「文化工業」成為令人目眩神迷之商品製造所，社會成為被經濟宰制之製造品，生命之意義與方向何在？如何喚起對人性尊嚴之重視，並開展個人生命價值之光輝，實有賴生命教育之實施與落實。

五、就超拔深陷迷茫之人心而言，應將宗教課程融入生命教育中

此是尊重多元、包容不同文化內涵之具體做法，亦是生命教育中十分重要之一環。蓋一談及生命，不能不觸及生命之榮枯，即生、老、病、死之歷程。而宗教課程之內涵，應已包含此一課題。當然，宗教課程所探討者，亦有啟發吾人善心善性之深邃至理者；即如佛教思想之融入中國文化，成為其主要成分中十分耀眼之一章，此亦不必諱言者。若從鉅觀之立場而言，儒家亦是一人文宗教。蓋儒家融宗教於人文，「合天人之道而知其同為仁道，乃以人承天，而使人知人德可同於天德，人性即天命，而皆至善，於人之仁心與善性，見天心神性之所存，人至誠而皆可成聖如神如帝」（唐君毅，民78）。此亦是前述人文精神之發皇。

當然，宗教課程融入生命教育中，應以學術思想、人生哲理之引介為主；自各家各派中汲取有利於生命發皇之思想，加以闡述探討。尤其得道成聖之高僧至聖其典型夙昔之提供，以引導學生走向正信之宗教領域，此為實施宗教教學時所應注意

者。

伍、結語

　　生命教育之實施正式納入新課程，代表此一課題之重要性。為掌握實施時之精神與方向，本文特就新課程之理論基礎加以分析，並依此分析提出五個面向之可行策略。雖僅為犖犖大者，卻可彌補新課程理論基礎之薄弱與不周延性。有關此方面之批判，學者談論頗多，不煩筆者贅述。惟新課程之設計，乃許多專家學者及各階層人士相互折衝論辯之結果。其中牽涉不同之基本假定和前提，實難有一可作為全面性論證基礎之理論架構。故於實施生命教育時，必須了解生命教育之主要內涵，參酌理論基礎之妥適性，就前述五項策略之精神，設計活潑多元之課程內容，不流於偏枯，不落入俗套，兼顧理論上之應然與實務上之實然，庶幾可為生命教育課程之規劃與實施，找到清新可行之方向。

參考書目

唐君毅（民78）：**中國文化之精神價值**。台北：正中書局。
郭為藩、高強華（民78）：**教育學新論**。台北：國立編譯館主
　　編，正中書局印行。

陳伯璋（民88）：九年一貫課程的理念與理論分析。收於**邁向課程新世紀（上）**。台北：中華民國教材研究發展學會編印。

陳碧祥（民89）：國北師院國教所碩士班講義：近代教育思潮教學綱要。

陳順和、簡馨瑩（民88）：從九年一貫課程綱要談學校課程評鑑。收於**邁向課程新世紀（下）**。台北：中華民國教材研究發展學會編印。

傅佩榮（民83）：**心靈的曙光**。台北：洪建全基金會。

楊深坑（民89）：理性冒險、生命的行動及主體性的失落與拯救。收於**溝通理性、生命情懷與教育過程**。台北：師大書苑。

歐用生（民88）：九年一貫課程之「潛在課程」分析。收於**邁向課程新世紀（上）**。台北：中華民國教材研究發展學會編印。

從生命教育看國文課程

臺北縣立三和國中　教務主任　　陳紅蓮

壹、前言

　　「像天空繁星，忽現忽隱，像水面浮萍，飄浮不定，人生的際遇，稍縱即逝，我心嚮往、我靈渴羨、我願追尋。」
　　歌聲悠悠，繪出生命的優美，也揭開逝者如斯的殘酷。

　　「渭城朝雨浥輕塵，客舍青青柳色新。」
　　飄著細雨的早晨，青青柳色燃亮了詩人的眼眸，千古絕唱遂永恒地在文學的國度裡安撫著每一個過客遊子。然而柳色依舊，客舍頹圮，詩人安在哉？
　　生命既永恒又短暫，既殘酷又優美，兩者如光影相隨，唇齒相依，辯證式的相互激盪存在。人類悲欣的情感在時光的洪流中，翻騰、顛躓，生命在永恒的煉火中燃燒殆盡抑或錘鍊提升？尋尋覓覓，覓覓尋尋，我們在文學的國度裡遇見了答案—

一且聽陳子昂的〈登幽州台歌〉：

「前不見古人，後不見來者，念天地之悠悠，獨愴然而涕下！」

生命的悲苦，在文人的筆觸中幻化成迴盪天際的嗷嘯；生命的玄奧在文學的天地裡成了行走山巔水湄的吟唱；生命的驚喜是詩人筆裡沉澱了的彩虹似的夢。

是的！以文學來引領學生了解生命的美麗與哀愁、弔詭與簡單、明徹與矛盾是最深入也是最便捷的途徑。

本文乃就國中國文課本中第三冊第十三課「生之歌」、第四冊第六課「射手」、第十二課「生存與奮鬥的啟示」三篇文章的篇旨、內容、結構，以生命教育的角度來分析，希望因課程的設計、課間的導引，啟發學生對生命的認識、了解，進而珍惜、讚歎！

課程設計以認識、感覺、把握生命為主軸，以提出篇旨、類文導讀、創造性、思考性、活動設計為輻射，期盼在此架構下，國文課程成了生命教育最優美的詮釋者，進而點亮孩子生命火焰的燈，培養孩子悠遊從容的態度，使能面對生活的難題，建立健康的自我。

貳、「生之歌」教學實例演示

一、篇旨

　　「作者將生命比喻為一首歌，歌詠其中的奧秘。第一則藉小飛蛾掙扎求生、小瓜苗挺立茁長，及聆聽自己心跳的撼動，領悟到生命的活力源之於己。第二則作者引用法國畫家雷諾瓦的故事，並以自己的病痛和體會，肯定『痛苦會過去，美會留下』的真，鼓勵我們追求生命的美。」[1]

　　作者杏林子十二歲罹患類風溼關節炎，小學畢業後即在家自修，在根本無法握筆的狀況下，仍然寫作不輟，「生之歌」是一首從內心深處發出的讚歎生命的長詩，歌詠生命、追求永恒生命的認真，是一個幾近全身癱瘓的人，以右手心夾筆，在腿上放一塊板子，一筆一劃由心底唱出的歌──你還有悲傷的權利嗎？

二、類文選讀（活著難免有傷口──楊振良）

　　「人生世上，要勇敢地活下去，而且要像牲口一

　　般地活下去。貓狗牛馬身上有了傷口，都是自己
　　用舌頭舔乾淨的。同樣道理，假如我們心靈有了
　　傷口，自己就要舔舐、自己撫平，這些均是無人
　　可幫得上忙的。」

　　已故哲學大師唐君毅教授曾在《病裡乾坤》一書說到一
事，很能說明上述觀念。謂其住院療病時，鄰室有一可愛小女
孩，其一目於多年前以癌症割除，今再來醫院，乃因另一目亦
罹患癌症必須加以割除，此女孩至敏慧，其母亦極賢淑，母女
相依，其情至親，母親安慰女兒：「汝目有復明之日。」女兒
卻說：「我已知目皆去，不再見此世界矣……」面對此事，唐
先生說：「吾雖一一對其痛苦，有一同情共感、而一一對之生
惻隱不忍之悲心，然此悲心之無助於拔其苦而濟其生之事，則
固不待言而可知者也。」這道理明確告訴我們：自己的痛苦在
自己身上，他人絕無替代你受苦之理！因此，一個無法奮發、
心力軟弱之人，才會妄想僥倖奇蹟出現。殊不知應拋開幻想，
投入現實，以實事求是的堅忍不移去強度關山，面對紛至沓來
的無情打擊！自助方得人助。
　　自己心中難過有了委屈，自己設法，在事情尚未改觀之
時，要像牲口一般活著。
　　為人父母者，為兒為女，張羅生計枕上憂，為了維持起碼
的生活，要像牲口一般活著。
　　白手起家者，必須胼手胝足，在整個創業的歷程中忍辛受
苦，豈不更要像牲口一般活著！

　　其實，上起達官貴人，下至販夫走卒，莫看這社會生活富裕，事實上每個人都像牲口一般活著，並非是將人比作畜牲，而是許多情況下，只有自己舔自己的傷口，自己撫平自己的心靈，因為，你自己的事只有你自己最清楚，別人也幫不上忙！

　　至於維護一個國家版圖的完整、民族尊嚴，又何嘗不需如此？與其長篇大論臧否掎摭，不如國人反躬自省，低頭信受「圖開創必先植國力」的道理。

　　只有這麼一個想法：在舔自己傷口的時候一定要建立突破困境的信心，因為任何困難擊垮不了一個有信心打勝仗的人。憂時之士，請由此器度始！

三、創造性

☆小劇場：指導學生以戲劇方式演出。

☆除了作者舉出有關小飛蛾、香瓜子的求生慾望，不屈的生命力之外，請同學仔細觀察周遭環境，每人舉出兩種與生命力有關的實例，並上台簡單說明：

　★雨中的麻雀，依然振翅，尋找屋簷，待雨停又是一番新的天空。

　★被工人砍了的大樹，過一段時日，禿的樹幹上竟冒出團團新綠。

☆配音教室

　　將學生分為若干小組（一組不多過八人，少於五人），指定其中一人為導播，由導播內選編劇、角色、配音。突破呆板

的一人「唸」課文的情境，由同學互相研討課文旨意、內容，改編成廣播劇，再製作成錄音帶，藉此方式激發同學的想像力和領悟力，並增加學習活潑、生動的氣氛。

四、思考性

☆你留意到校園角落一大片旺盛生命力的大花咸豐草了嗎？

☆「痛苦會過去，美會留下」除了畫家可以如此面對生命，許多事物也是如此？請同學舉例。

☆曾編織過未來的夢嗎？（寫下來）

☆本文以實物舉例法貫串全文，你認為有什麼優點？

☆對於病痛，你有親身的體驗，你如何度過？

☆本文中，哪一段或哪一句最令你感動？為什麼會感動？

五、活動設計

☆本活動視季節而定，可在下學期開始，春天來臨，即可展開。分為若干小組（每組大約五人）分工帶花盆、土、種子（各組事先溝通，可購不同之種子）。一切具備，由組長帶領組員，埋種子，選擇窗台擺置。定期澆水，觀察、紀錄，做成花仙子日誌。親身體驗的心得分享，心得請以「散文」方式呈現對生命的讚歎！

參、「射手」教學實例演示

一、篇旨

「作者以『射手』為喻，分別描述青年、中年和老年三個人生階段的心態。全詩分三節，第一節寫青春時的我是位盲目的射手，濫用囊中之箭；第二節寫中年的我已無箭可射，心有餘而力不足；第三節寫暮年老邁的我，只能更想擁有青春之箭。這首詩在惆悵感傷中，有深刻的警醒力量，作者希望每個人都能惜取少年時，不要恣意揮霍青春，以期待人生豐富的收穫。」[2]

梁雲坡這首新詩由青年、中年、老年的時間順序鋪寫而來，表現人生三個不同時期的心態，主旨在告訴人們要惜取少年時。全詩以「射手」為喻，取譬貼切，深具警策！

二、類文選讀

蔣捷——《虞美人——聽雨》
少年聽雨歌樓上，紅燭昏羅帳。

壯年聽雨客舟中，江闊雲低，斷雁叫西風。

而今聽雨僧廬下，鬢已星星也。

悲歡離合總無情，一任階前，點滴到天明。

　　蔣捷的這一闋詞與梁雲坡的新詩，時空相隔綿遠，心境卻恍如一人，慨嘆時光流逝、悔不當初，以少年聽雨、壯年聽雨、老年聽雨，從「紅燭昏羅帳」到「一任階前，點滴到天明」的心路曲折變化，正是古往今來，人們生命試卷上永遠的題目。

三、創造性

☆聯想——梁雲坡以「射手」為喻，蔣捷以「聽雨」表達，聰明的同學想想看，還有什麼可以拿來譬喻人生的階段？

☆看圖作文——「詩中有畫」一首好詩是畫得出來的，詩人以真心、真情去感受、揣摹，因此成就了呈現在我們眼前的「詩如畫」，因而我們讀詩，欣賞詩能入情造境。

　　由同學從家中帶來或圖書館借來圖片。分組交叉揣摩情境，做一番敘述。

四、思考性

☆對於時光的流逝，你會有什麼感懷？（教師可以做一惜時題材，鼓勵同學直抒胸臆。）

☆如果你是作者，你成了射手在射箭的過程，你會有什麼不一樣的感覺？

☆「惜取現在」是這課主旨，請明確說出你認為現實生活中什麼樣的行動是「惜取現在」？

☆這首詩哪裡最令你感動？為什麼？

☆上完這一課，你覺得得到了什麼？

五、活動設計

教室是夢的工廠。再鼓勵同學將當下應把握的事說出，寫下。目標確定，擬定計畫，將每個人的夢寫在已分割好的教室公布欄，每天固定時間去打「∨」或「×」來表示當天是否滿意自己的行為，只要有進步，即可給予喝采鼓勵。

☆小劇場

十人一組，導演的產生以同學自願為第一優先。以「射手」或「虞美人—聽雨」為劇情藍本，各組分頭改寫，主旨惜取少年時不變，由少、中、老年歷程亦不改，其餘對話、情節皆可自由發揮，給同學準備時間約須一週，表演時可請班級導師或家長為觀眾，可票選最佳導演、編劇、演員！

肆、「生存與奮鬥的啓示」教學實例演示

一、篇旨

　　作者藉世界名著《老人與海》的故事，闡明人生的價值不是僅在於生活，而是在於奮鬥創造。首先他分析這本書中海、老人、小孩、魚鳥所代表的意義，並加以一一說明，強調了老人與海搏鬥的精神，指在險惡的人生的目的，在於了解生活的意義，發揮生命的價值——作者開宗明義在第一段就提出全文總綱，讓我們有正確的人生指標，然後循序漸進，推己及人，延至久遠[3]。

二、類文選讀

　　海明威的《老人與海》，同學們一定在課前就看，並繳交閱讀心得。

---

[3] 見國立編譯館八十九學年度國民中學國文課本第四冊第十二課

三、創造性

☆本課可擷取為做人做事的佳言雋句很多，如：老人說「一個
男子漢可以被毀滅，但不能被打敗」、「這時我只能做一樁
事，我即為此事而生」、「即使失敗的命運不可避免，我們
也寧可選擇堂堂正正的失敗，絕不求不清不白的成功。」請
同學細讀後，思索一下自己生活、讀書的歷程，寫出一句或
兩句對自己、對同學有裨益的「箴言」。如：「準時做每一
件事，絕不耽擱」；「太陽光大，父母恩大」；「企圖改變
別人，不如改變自己」。

四、思考性

想想看作者受海明威的感動，而你從小到大讀的書、看的
影片有沒有振撼你，心頭為之悸動的？

想像大海的洶湧、浩瀚，老人的形單影隻。鯊魚的龐大，
虛擬自己是那個老人或小孩。

本文你最欣賞的是哪一部分？請說明。

作者說：「人並不是只為了生活而生存。」請同學想一
想：人到底為什麼而生存？

為什麼「一個男子漢可以被毀滅，但不能被打敗？」涵意
為何？

《老人與海》的故事中所描寫的人和物，各代表什麼？

五、活動設計

☆黑暗世界六十分鐘——兩人一組，以手帕將一人眼睛矇起，
　另一人以口語傳達前進指令、逛校園（路線圖教師事先策畫
　好，並於出發前均已告知），兩人交替進行活動。

☆請同學寫出黑暗世界和傳達指令的感受。

☆選定郊外（如台北—宜蘭的草嶺古道）做健行活動，登上連
　綿不絕的步道的揮汗和登高，眺望太平洋的舒暢，同學可以
　很快藉由大自然的奇妙玄奧了解生命不只是考試而已。

伍、結論

　　杏花雨裡楊柳風，滋潤生命教育的甘露——國文教學。

　　杜甫的「五更鼓角聲悲壯，三峽星河影動搖。」夜色迷
濛，鼓角嗚嗚，星河影搖中，文學舉重若輕的把人生的森嚴莊
重的氛圍一筆調和成天地大氣、直撼人心。

　　杜牧的「千里鶯啼綠映紅，水村山郭酒旗風。南朝四百八
十寺，多少樓台煙雨中」。短短不到三十字，除了晶瑩剔透的
江南風光，也收納了歷史的滄桑。

　　「千門萬戶疊成好一堆惘然，紅塵也無所謂，煙火也無所
謂，老病生死也無所謂，一聲木魚，敲寂了下面那世界。」從
老杜到小杜，到了二十世紀跨世代的余光中，文學對待生命的

態度，一逕真誠而懇切，隨之而來的是國文課程中豐盈得令人讚歎的教材，俯拾之際，生命的奧妙、尊重生命、感恩生命竟已悄悄無言地駐入人心！

參考書目

索甲仁波切。**西藏生死書**。張老師文化。

國民中學國文科第一冊教學活動設計參考資料。台灣省政府教育廳編印。

班級創意經營，TST 創意教學工作坊。

王逢吉。**人生之智慧**。康橋出版事業公司。

陳火泉等著。**空洞的我**。幼獅文化事業公司。

國中國文動動腦第一至六冊。國文天地雜誌社。

唐宋詩選。

曉明女中 生命教育研習，曉明女中承辦「生命教育台灣省高中高職第二階實務課程研習」。

錢永鎮。中等學校生命教育課程內涵初探。

張淑美。生命教育與生死教育在中等學校實施概況之調查研究。

融入九年一貫課程的
生命教育藍圖

台北縣立竹圍國中　校長　　薛春光

壹、前言

　　教育部於八十九年二月宣布設立「學校生命教育專案小組」，希望能將生命教育的理念，正式納入我國目前由小學至大學約十六年的學校教育體系中，使生命教育獲得一貫化、完整化、全程化的體現。筆者認為：在這十六年中，以國小到國中階段這「向下扎根」的九年最為重要。尤其是當我們從報端得知：自殺年齡層有逐漸下降的趨勢，年幼的國小學童竟選擇以上吊的方式來結束生命時，怎不令人憂心呢？

　　曾志朗先生早在他任部長之前，就曾撰文指出：「如何才能使我們的下一代走出迷惑？『生命教育』的推動，絕對是教

育改革最核心的一環。」（聯合報，88.1.3）

前教育廳長陳英豪先生也說過：「『生命教育』的目的，就是希望彌補現行教育制度中，偏重知識教育與理性教育，卻忽略知識技能以外更重要的德性、藝術、人文之教育。使學生在受教過程中，不僅學習到知識技能，更重要的是因為有了生命教育的涵養後，知識技能可以成為社會的用處，而不是拿來戕害社會的工具。」（新講臺雜誌，89.3.1）

由以上兩位教育界前輩的真知灼見看來，生命教育的重要性自然不必筆者再予贅言。我想，在多項教改計畫已推行在即的今日，將生命教育融入「九年一貫課程」的領域之中，以九年一貫課程的「開放、一貫、統整、」之精神，從小學到國中，逐步強化孩子面對問題、化解危機，進而尊重生命、熱愛生命的人生觀，應是值得探討，也亟須研究的一項議題。

貳、課程內容面面觀

我們知道：「九年一貫課程」是以個體發展、社會文化、自然環境三個面向，提供語文、健康與體育、社會、藝術、數學、自然與科技、綜合活動等七大主題的知識學習領域。而生命教育的內涵，正可以與九年一貫課程的三大面向結合。「個體發展」即是生命教育中「認識人我、欣賞人我、尊重人我」的部分；「社會文化」則涵蓋了生命教育中「倫理學」、「道德學」、「生死學」等層面；而「自然環境」則牽涉了生命教

育中「如何珍惜生存環境」、「在環境中應變」、「生命與天、地、物共融」之範疇。所以僅管有學者主張：生命教育不必有設計完整的課程與教材，而應以體驗或實驗活動為主。但從上列二者相關性的契合程度來看，將生命教育的課題融入九年一貫課程中是極自然且必要的。

一、語文

在古代，「生」這個字的本義是指草木從地下長出，然後引申為事物的產生、發生，更引申為生命的孕育，古人於此意識到生命的價值就是「活著」；「命」字的本義是命令，意指客觀的條件限制，例如：人不能選擇父母，也不能決定出生於何地，這就是「命」。面對「命」，各人的態度也有所不同，有人「宿命」；有人「抗命」，當有人可以超越命的限制時叫「立命」，正是顯現生命的無限可能。

英文的 life 解釋為生命、精神，它的動詞 live 則譯為「活著」。

不管是中文的「生命教育」或英文的「life educatian」概念，均可以在課程中透過老師的解讀，引導學生去思考生命的意義。

在教材的選擇上，古今中外諸如：論語中孔子云：「未知生，焉知死。」、「己所不欲，勿施於人。」；或孟子的生於憂患死於安樂；或現代作家杏林子的《生之歌》；甫當選十大傑出青年的賴東進所著《乞丐囝仔》一書；或是《海倫凱勒傳

記》、《麥帥為子祈禱文》、海明威的《老人與海》等中、英文作品,皆是兼具文學價值與勵志的教學素材。

二、健康與體育

　　教導孩子從接納自己的身體,進而愛惜與尊重,是健康教育課程的主要學習目標,而體育課程中培養的「運動家精神」,則是生命教育中相當強調的一種生活態度。

　　在這個領域裡,從健康的身體,到健全的心理,無一不屬生命教育的範疇,即便是兩性關係、哀傷輔導,甚至臨終關懷等議題,都可以規劃在內。

　　值得一提的是,西方國家中,明確標舉出生命教育概念的澳洲雪梨生命教育中心(life educatianter:LEC),他們所謂的生命教育,乃是致力於「藥物濫用、暴力與愛滋病」的防制。雖然目前台灣生命教育的提倡與毒品和愛滋病的關係不大,但像「快樂丸」、「搖頭丸」這一類藥物產生的問題正陸續浮現;至於暴力事件,則早已不容忽視。以台灣現況來看,所謂暴力包含兩方面,一是不尊重與傷害他人生命的暴力;一是青少年的自我傷害或自殺。LEC 相信,要讓孩子遠離毒品與暴力,就要給他們一個正向而積極的起點。

　　因此,筆者認為:健康教育的課堂上,和激發身體潛能的運動場上,是生命教育的最佳處所。

三、社會

回顧歷史，我們看到人類生命的源頭；瀏覽地理，我們看到生命存在的環境，這是社會學領域得以和生命教育扣合的主因。此外，倫理的、道德的、宗教的教育方針，應和生命教育同一指向，去引導學生建立自尊而尊人的觀念，並幫助學生釐清社會正義的內涵，發揮人道精神，關心弱勢族群。而且，能透過宗教亂象，了解人心的需求困頓，進而建立正確的信仰態度。

如此一來，社會學科領域不再是死背條文、名詞的「考古課程」，在它融入生命教育的靈魂之後，這門學科將是孩子奠定人文關懷的重要基礎。

四、藝術

藝術是美的。而生命呢？在欣賞藝術之美的同時，是否也能懂得欣賞生命之美？這是教學者在設計藝術課程時應考量的層面。藝術有柔軟人心的魔力，美學的功能在於它可以美化人性、豐富人生，至於「樂以教和」則驗證了音樂的教化力量。

於是，學校舉辦畫展、攝影展；成立樂團、合唱團；學生卯足全力練習的啦啦隊比賽等活動，讓校園生活更多姿多采，也讓青春生命揮灑得淋漓盡致。

此外，教師更有必要提示：「殘缺」何嘗不是一種

「美」？如樂聖貝多芬的超凡毅力；口足畫家們克服殘障的表
現，均是生命教育的好教材。

五、數學

　　想在一堆數字、符號、幾何圖形中，找出生命教育的「證
明題」，似乎沒那麼容易。但，假如我們拋開「學理」，從
「精神」層面入手，誰說數學和生命教育無關？

　　「天下文化」在一九九六年陸續出版了《大自然的數學遊
戲》和《幹嘛學數學》二書，書中提到：「我們不該指望新的
數學能產生立即的經濟效益。」「一味追求穩當可達成目標的
研究，會使我們變得貧乏，……我們也許永遠無法成功，但試
試看一定很有趣。」（見《大自然的數學遊戲》）「我們常常
太早放棄。如果願意對外面的世界和自身能力更進一步探索，
每個人都能到達比自己想像更高的水準。」「我們走過的路徑
在數學領域裡只有一小段。這個王國裡充滿了無數的美麗定理
與尚待挑戰的神祕。」（見《幹嘛學數學》）

　　是的，做數學，難免會遇到解不開的難題，多試幾次，或
許就算出來了；就算解不開，就當作一個挑戰，也沒啥大不
了。而人生呢？也免不了挫折和逆境啊，和解數學題不是一樣
嗎？總是會「柳暗花明又一村」的。

　　那麼，各位數學老師：當你的學生又在埋怨數學好難，認
為算術是一種折磨時，不妨藉用「生命教育」，去改變他們的
恐懼吧！而能征服數學的孩子，相信也可成為「逆境中的不倒

翁」。

六、自然與科技

　　生命教育是生命哲學，也是生命科學。從認識生命的生物學入門，學生可以從生命的基本元質（細胞和 DNA）開始研究，進而辨識生命的特徵，探問「生命是什麼？」並由生物的成長，領悟生命的奧妙。學習且體認上天有「好生之德」，對任何生命，都能懷著戒慎敬重的心情，善待他（牠）們。

　　在這課程中，可安排賞蝶、賞鳥、育苗、淨山等活動，讓孩子體察，如果花草、叢林間沒有蝶飛、鳥鳴；青山少了綠意，生命將會失掉許多趣味與美感。倘若學生能意識到梅花鹿、紅樹林等稀有生物將有滅絕的一天，或許會改變他們對生命的態度，不再浪擲青春。

　　在九二一大震發生之後，「災後心靈重建」成為生命教育的重點工作。教師教學時，必須和學生一起面對大自然反撲帶來的後果，提醒他們做好環保才是珍愛地球的不二法門，才是避免生命財產遭受損失的唯一途徑。

七、綜合活動

　　生命教育的最終目的應是在生活中充實自我的生命，度過有意義的人生。

　　因此，除了教材的設計之外，還須透過各種情境的模擬，

來作為考核。亦即生命教育應以「應用」為能力指標，「體驗活動」和「實踐」作為評鑑依據。舉凡「飢餓體驗」、「職業探索」、「社區服務」、「環境保育」、「日行一善」等活動，都可藉由自評、同儕互評、教師、家長和相關單位等，依據經由設計的檢核表來進行評鑑，並隨時檢視孩子對生命教育的接受、理解和發揮之成效，以徹底達成生命教育的目標。

參、結語

　　自教育部大力推動生命教育以來，雖已獲得多數學校的熱烈回應與積極參與，但始終未將它納入正式課程，這是筆者趁九年一貫課程即將實施之際，試圖融入生命教育的主因之一。我想：若能嘗試以生命教育作一「核心課程」，筆者在上述七大領域中所切入的起點著眼，連貫成線、成面，相信「亂丟垃圾、攀折花木、濫砍濫挖、虐待動物、飆車吸毒、自殺輕生……」等情形將因教育的普及、深化而改善，甚至不再復見！

　　期盼生命教育融入九年一貫七大領域課程的理念，能在筆者拋磚引玉之後，展現更多元化的生命智慧，建構一幅更周延、完善的生命教育藍圖。

引導孩子走出自己的路——
談生命教育在國民小學的實施

台北縣立文化國小　教務主任　　連進福

壹、尊重生命、提升自我

　　這半年來，隨著經濟的走向不景氣，社會上的各種亂象頻傳，失業率節節高升，九二一震災的後遺症猶存，許多社會政治經濟的亂象天天都在上演，使得人們對於未來充滿問號，對自己前途發展的信心愈來愈薄弱，各種的傷害自我、自殺、犯罪等行為比比皆是，大人的世界如此，在年輕一代 e 世代的國民也好不到哪裡去，土城某國小六年級的女生，竟然只因為和父母細故吵架，就自殺身亡，媒體上報導的學生自戕或自殺的事例、集體械鬥、暴力相向、毆打教師等等事件，時有所聞，家長告老師，老師毆打學生或性騷擾事件經常上演，常令人瞠目結舌，讓我們忍不住想問，我們的社會是不是生病了，我們

的教育出了什麼問題嗎？

　　以編寫《五體不滿足》一書聞名日本青年的乙武洋匡前一陣子來到台灣訪問，他天生患有「先天四肢切斷」的絕症，是非常嚴重的殘疾，不良於行，但是他樂觀地面對挑戰，勇敢地活出自我，他說：「感謝上天送給我最具創意的禮物——這個奇妙的身體，也是造物者刻意賦予我特別的任務。」這種對生命的珍惜，對自我尊重的態度，聽了動容，國內亦不乏此類的生命鬥士，如鄭豐喜、周大觀、朱仲翔、杏林子等等生命鬥士，都曾經用他們超人的意志力，譜下一篇篇動人的生命樂章。

　　兩相對照之下，更讓人覺得我們的教育還有許多需要努力的地方，現實的教育環境中，在教育孩子的過程中，忽略了情意教育的培養，沒有教導孩子對生命尊重，沒有引導孩子學習對自我負責，而過分重視智育發展，強調速食文化的教育方式，讓學生成為考試的機器，班級成為競爭的殺戮戰場，在這種環境下成長的孩子，挫折容忍度嚴重不足，遇到事情，不願意坦然面對，總是選擇自我逃避或自我毀滅，而造成許許多多的社會問題與悲劇，面對這些問題的根本解決之道，則是要透過教育的力量給他們一個正向而積極的生命起點，於建立正面積極人生觀以及體認人類社會的互愛互助。所以，要積極推動生命教育，要從家庭、學校、社會各方面著手，幫助孩子學習探索與認識生命的真正意義、學習懂得尊重生命，疼惜生命的價值，引導孩子熱愛並發展個人獨特的自我，讓自己與外界的各種事物共融共在，這些是教育過程中最重要的一環。

為了迎接新世紀的挑戰，現在的教育除了要使我們擁有解決新的問題並走向未來的能力之外，更需要培養學生勇敢面對挫折，坦然面對生命的能力，生命教育的推動是很重要的一環，而國民小學是最基礎的教育，更需將生命教育的理念向下扎根，九年一貫課程的實施是培養基本能力為重心的教學，也要將這些想法融入，才能因應時代變遷及新世紀國民的需求，勝任未來的挑戰與需要，共創更美好的將來。

貳、生命教育在國小實施的意義

「生命教育」的目的，陳英豪先生（民89）說就是希望彌補現行教育制度中，偏重知識教育與理性教育，卻忽略知識技能以外更重要的德性、藝術、人文之教育。使學生在受教過程中，不僅學習到知識技能，更重要的是因為有了生命教育的涵養後，知識技能可以成為社會的用處，而不是拿來戕害社會的工具。其在國小實施，個人認為包括以下幾個意義：

一、對於生命意義的追求

人生除了日常生活問題要面對之外，還要對於生命的意義有所認識和體認，才能真正活出自我，國小不只是幫助孩子獲得知識和技能而已，更應該要透過活動的設計讓他們對生命的意義、價值做適當的澄清，建立自我發展的理想和目標，從而

建立面對人生各種挑戰的信心與能力。

二、對自我的認識

　　國小階段小朋友逐漸進入身心急遽發展的階段，受到外在環境的影響，常會造成個體身心莫大的衝擊，為了讓個體獲得良好的發展，更需要認識自我，了解自我，進而肯定自我。老師要針對學生的個別差異，透過自我認識的教育，具體地教導孩子自我認識並幫助他充分發揮內在的潛能，建立對自己的信心，讓學生清楚的了解自己存在的價值和意義，進而建立自尊。

三、心靈的充實和滿足

　　「全人」教育的理想，在於讓每一個個體的身體、心靈都得到充分的發展，生命教育是希望學習者對於事事物物能夠有所感動，有所啟發，是一種心靈教育，也是一種情意教育，這正是目前最被疏忽的一環，生命教育的實施要設計適當的情境，讓孩子去感受，去啟發，讓孩子擁有一份慈悲憐憫的心靈，對於事物能夠有寬大的胸襟，在國小階段，生命教育就是心靈教育，教導孩子昇華生命內涵的教育。

四、人我關係的教育

人是群體動物，不可能離群索居，隨著e世代的來臨，人我關係又進入了新的型態，資訊的發達與快速流通，常會帶給人類許多接觸的機會，但也造就更多疏離的心靈，人類更忙碌了，透過電腦及通訊網路的快速流通，人更無法遁形，卻又更不認識對方，生命教育的實施，要教導學生學習處理人我的關係，要讓孩子了解人的存在，需要許許多多人的協助和付出，人既然無法單獨存在，便要學著和人溝通，學著如何與人和平相處，讓孩子成為自我尊重也尊重他人的人。

參、生命教育在國小的實施的幾項策略

教育部長曾志朗博士（1999）提出「生命教育——教改不能遺漏的一環」，呼籲我國教育必須從制度面的改革，進而到重視學生的情意教育。唯有透過長期與持續性的課程發展準備，重新改造與建構學習環境，淨化學生心靈，家庭教育的再重視，才有可能提供學生們全方位的生命教育。

一、形塑啓發生命的教育願景

九年一貫課程的實施，強調落實學校本位發展，要求每一

個學校建立自我發展的教育願景，學校在建立教育願景的時候，可以納入對生命關懷以及發展學生生命智慧的願景，讓它成為課程設計的指標，鼓勵老師在潛在課程及顯著課程中適時融入生命教育的精神，教導孩子成為尊重自我，愛惜生命的個體。

二、營造溫馨關懷的校園文化及校園環境

在學校裡面，除了有形外在的顯著課程之外，潛在課程的影響也非常大，諸如校園文化及校園環境都會在潛移默化中影響孩子，對孩子的人格及觀念的成長有很大的影響，所以學校要營造一個溫馨關懷的校園，提供各種生物適當的生存環境，讓孩子隨時有機會可以欣賞各種生命之美，培養孩子的生命美感，讓孩子學會愛惜各種生命，體驗自然及生命的美與真，這是生命教育最重要的一環。

在校園裡有許多地方，都可以營造出溫馨關懷的校園氣氛，進而建立尊重生命的校園文化，例如打掃校園的時候，指導小朋友認養校園裡的花花草草，幫它們澆水、鬆土，勸導別人不要隨意攀折花木等等，都可以引導孩子學習如何對待各種不同的生命，且能在日常生活中實踐，這便是將生命教育的意涵融入日常生活中，慢慢形成愛護生命，關懷生命的校園文化，對於生命教育的推動有很大的幫助。

三、啓發教師生命智慧，共同引導孩子邁向光明人生

老師是孩子成長過程中的重要他人，對於孩子的身心發展會產生重大的影響，要推動生命教育，便要培養教師的生命智慧，協助教師建立樂觀開朗的人生觀，讓其在實際的教學中實踐，學校可以利用教師進修的課程，安排適當的生命教育課程，透過同儕學習的方式，在多方互動交互影響之下，提升教師的生命智慧，做為學校推動生命教育的基石。

四、分享與體驗的教學活動

「體驗活動」的設計，是屬於有趣又具啟發性的動態課程，是透過戲劇、角色扮演等各種方式的體驗活動，讓學生直接參與表演，分別感受模擬情境人物的各種情緒，包括喜、怒、哀、樂等各種不同的感覺，然後經過彼此分享，在有實際體驗的情境之下，更能明白每個人不同的需求與處境，進而學會體諒別人，與別人做良好的互動與溝通，更能夠懂得與別人相處的機會。

例如，為了讓孩子能夠體會盲人生活的艱辛，可以設計「盲人的生活」體驗活動，讓孩子矇上眼睛度過一節課，當孩子眼睛被矇上，無法輕鬆自如的活動，走路跌跌撞撞，生活的各種需要都需要別人來伸出援手幫忙的時候，他會更能夠體會盲人生活的辛苦，對於盲人乃至於殘障人士多出一分關懷和體

諒的心，再透過引導，孩子可以省視自己目前的各種狀況，感
覺出自己的幸運，進而慢慢產生感謝父母，珍惜自己的生命的
情懷。

五、社區是最好的學習場所

學校位於社區當中，學校與社區是密不可分的，社區就是
最好的學習場所，擁有豐富而鮮活的學習資源，學校在推動生
命教育的同時，要帶著孩子走入社區，提供孩子真實的體驗題
材，讓孩子有更多實際體驗的機會，例如，社區中的耆老，許
多都是歷盡滄桑，擁有非常豐富的生命經歷，如果在適當的時
機，邀請他們談一談生命的閱歷，說一說人生的道理，一定會
對孩子有所啟發。

又如社區裡面如果有醫院、幼稚園等地方，在設計課程的
時候，可以帶領孩子前去參觀，讓他們了解人類不同時期的生
活情況，進而體驗到自己能有今天，能夠從呱呱墜地的時候開
始，順利的一步一步長大成人，要感謝許多人的努力和協助，
進而產生感恩的心。

社區服務也是一種很好的生命教育活動，讓孩子從實際參
與社區的活動中，更能認識社會百態，體驗人我之間的關係的
錯綜複雜與奧妙，例如參與社區健行活動的服務工作，也許只
是分送紀念品的工作，卻可以從實際工作中，體驗如何與人接
觸，如何為人服務，對人我關係的提升有很大的幫助。

六、尊重多元智慧與潛能的學習活動

每個生命都有他不同的存在價值和意義，尊重學生的個別差異，讓各種不同的智慧都有適度的發揮空間，學校應該提供多元的教學與環境，幫助孩子了解並發展自己的獨特智慧，讓每個學生看到自己的機會，建立自己的信心，使各種人都在校園內活躍起來。

在學習的過程中，要有多元化的教學方式，也要有針對不同孩子設計適當的評量方式，讓每一個孩子擁有屬於自己學習的機會，得到屬於自己的肯定，進而對於自己生命的發展產生信心。

讓孩子走自己的路——結語

生命是無價的，生命是不能回頭的，教導小孩子認識生命、尊重生命、愛護生命、熱愛生命，是教育中非常重要的課題，在國小裡要整合各種力量，從課程的規劃與執行、溫馨關懷的校園環境的營造、實際分享與體驗活動的實施等各種方式著手，才能讓生命教育在學校裡落實，才能教孩子走自己的路。

現在是二十世紀末，再過幾天就要到了二十一世紀，世界正急遽的變化，知識革命的話題一再被提起，但是人類的心靈

更加感覺空虛和寂寞，更需要心靈教育的強化，在新的一年當中，九年一貫的課程即將上路，將我國的教育推向新的里程，在以能力指標為導引的課程中，也盼望能有生命教育的議題，賦予新生的e世代人類有自我省思的空間，加強他們面對生命，處理自我的能力。

教育真正的目的，在於幫助每一位受教育的人走出自己的路，活出完整的生命，在政府大力推動之下，期盼未來生命教育會獲得重視，真正成為國小課程重要的一環，讓受教育的二十一世紀新人類，都能勇敢的走自己的路。

參考文獻

錢永鎮（1998）如何推廣生命教育理論篇，生命教育網站。

錢永鎮**生命教育－教孩子走人生的路**，台中：曉明之星出版社出版中。

曾志朗（1999.1.3），生命教育——教改不能遺漏的一環，聯合報第4版。

孫效智（1999），**當宗教與道德相遇**，台北：台灣書店。

孫效智（1999），生死尊嚴與生命智慧，文收：李遠哲等，**生命的教育**，台北：聯經，p.181-197。

孫效智（2000），從災後心靈重建談生命教育，文收：**台灣教育月刊**。

毛連塭（1994.9），**生活教育與道德成長**，台北：心理出版社，

初版。

林思伶（1998）有效推動校園生命教育。生命教育網站
　學年度南一區生命教育推廣研習會手冊。台南：善化高級中
　學。

劉源明（1998），談生命教育之推展，文收：**台灣省中等學校
　輔導通訊**，第 55 期，p.47-48。

陳英豪（2000.3.1）安頓人心的工作，生命教育網站與新講台雜
　誌

鄭金川（2000）體驗課程讓學生更加懂得珍惜生命，生命教育
　全球資訊網

生命教育課程對國中階段
教學之影響

臺北縣立頭前國中 教師　林家妃
臺北縣立自強國中 教師　侯小龍
臺北縣立丹鳳國中 教師　高梅桂
臺北市立復興國中 教師　林碧華

壹、前言

　　藉由媒體的披露，我們不時可以得知全省各地重大的校園事件：學生跳樓、割腕、凌虐、凶殺、集體性騷擾、暴力衝突……，令人觸目驚心。更多時候，這些新聞事件就發生在我們自己的校園裏，只是未必被大眾傳播工具報導出來。

　　當目擊事件現場的斑斑血跡、傷者身上的傷痕累累，當聽聞激烈暴怒的喊叫、聲淚俱下的控訴，令人常發「怎麼會這麼殘忍」的感嘆。

　　當然，我們也看到或聽說另類消息：學生扶助受傷同學上下學，殘障學生奮發向善，孝親敬師堪為同學楷模，公益義行默默奉獻的師生……，教人由衷敬佩與讚揚。

　　是什麼在影響發育中的學子，使他們可能表現出這兩極端的行為？忝為人師，可以做些什麼來激發學生自尊自信、助人愛人呢？

　　八十七年的暑假（七月廿一日），台北縣各公私立國中收到縣政府公文（八七北府教一字第二一九〇九九號函），函轉台灣省政府教育廳訂定之「台灣省國民中學推展生命教育實施計畫」，請各校自八十七學年度一年級學生開始實施，希望藉由「生命教育」課程的推動，為學生建立「全人教育」的環境，使學生了解生命的意義，更進一步欣賞生命、尊重生命，而愛惜生命。

貳、生命教育的發展

　　瀏覽國內外文獻，「生命教育」幾乎未聞其跡，而署名「死亡教育」之文獻則多得多！從八十七學年度國內所集結的第一本國民中學「生命教育教師手冊」來看，生命的智慧其實流傳自中國傳統儒、釋、道等家的學問，而曉明女中企圖將西方的哲學、行為科學融合起來，發展出適合當代學生學習的課程，而以「生命教育」命名。

一、生命教育的沿革

　　研究者以電話訪問曉明女中鍾修女，該校成立於民國五十二年，創校之初即開設「生活指導」課程供學生選修；民國六十年後，全校實施「倫理課」，由修女及其他教師任課，延續至今。民國八十一年，該校承辦一場倫理教育研習，並進行教學觀摩演示，與會校長皆十分肯定其教學成效，也受到教育主管機關重視。爾後，曉明女中主動申請成立本省「倫理教育推廣中心」，申請計畫尚在審核時，發生了嘉義市國中女生三人集體跳潭自殺事件，轟動全國，主管當局遂立即委託曉明女中於八十六年底擬訂計畫，八十七年四月起展開一連串生命教育研習，培訓種子教師，八月後自新的學年度起，在全省展開生命教育的計畫實施。除已出版「生命教育教師手冊」外，曉明女中仍受委託繼續編製生命教育教材。

二、生命教育的涵義

　　曉明女中教師錢永鎮（民87）界定「倫理課是什麼？」指出五項要點：(1)倫理課在教學生怎麼做一個「人」；(2)核心理念是「全人教育」；(3)引導學生認識人的生命可以向上超越翻新；(4)倫理課內容的四個基本要素是知、情、意、行；(5)倫理課是幫助學生練習做對的、好的判斷和選擇。

　　另外，錢永鎮（民87）談倫理課的教學經驗，希望幫助學

生體認的是(1)人與自己的關係；(2)人與人的關係；(3)人與環境的關係；(4)人與自然的關係；(5)人與宇宙的關係。

錢永鎮等人（民87）思考生命教育適用於中學生的核心概念為(1)自尊；(2)良心；(3)活在關係中；(4)自由意志。

國內學者張淑美（民85）對「死亡教育」所做定義：死亡教育係指探究死亡、瀕死與生命關係的歷程，能增進我們覺醒生命的意義，並提供我們檢視死亡的真實性，及死亡在人生當中所扮演的角色與重要性。Bensley（1975）則將死亡教育視為一探討生與死關係的教學歷程，此歷程包括文化與宗教對死亡及瀕死的了解，並希望透過對死亡的研究，能使學習者更加欣賞生命，且將這種態度表現在行為中。達賴喇嘛（1992）亦言：如果我們希望死得好，就必須學習如何活得好；如果我們希望死得安詳，就必須在心中和日常生活中培養安詳。

由此觀之，「死亡教育」可說是「生命教育」的內涵之一，而兩者目標亦有重疊。

三、生命教育的發展與實施

我國國民小學課程「生活與倫理」、國民中學「公民與道德」與「輔導活動」、高中職「社會概論」皆已行之有年，其課程目標與生命教育方向一致。

而以現行生命教育實施計畫所訂實施原則來看，要求(1)各校應利用週會、班會、導師時間、空白課程等時間進行教學及實施體驗活動。(2)各縣市政府應依據地區特性與需要，發展地

區性教材。⑶各校應加強教學方法之改進，配合各科情意教學，以達生命教育目標。⑷各校應重視師生參與原則，透過師生積極參與，建立共識，提升教學效果。⑸各校應統整學校及社區教育資源，營造適切的學習環境。

然而，探討生命教育之涵義後，我們發現其內容可與其他科目（國文、英語、數學、歷史、美術、體育……等一般學科及藝能學科）科際整合，實施方式上更可採多科教學，而非僅限於週會、班會、導師時間、空白課程等時間進行。

因此，雖然「生命教育」看起來是一個新的名稱，不若「死亡教育」自一九六〇年代即逐漸成為學科（引自鄭淑里，民84），但其教育目標和精神可謂早已付諸實行。

參、生命教育課程計畫之探討

一個完整的教育計畫，應包含教學目標、課程內容、教學方法及教學評鑑。茲探討生命教育課程計畫如下：

一、生命教育的意義

台灣的經濟奇蹟為我們帶來前所未有的繁榮富庶，使一般人能享有高度的物質文明，然而，在精神內涵、心靈層面，卻跟不上追求物質的腳步，呈現種種亂象。社會變動快速，多元價值盛行，極易迷失自我，以致人心疏離、道德淪喪，違法亂

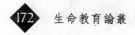

紀的行為不斷增加，令人安全感盡失。

欲匡正社會風氣，根本之道必須從教育著手。提升人文素養，重視心靈改革，推動倫理教育，將成為教育的重心。藉著布置一個「全人教育」的環境，透過教育設計，使學生進一步體認生命的意義，學會包容、接納、欣賞自我與他人，建立樂觀進取的人生觀，並將所學回饋社會，為世界帶來真正的和諧與進步。

二、生命教育的功能與目的

(一)生命教育希望解決的問題

錢永鎮（民 87）陳述推行生命教育的原因：(1)生活環境受到破壞；(2)學生不能愛惜生命，自尊尊人的能力不足；(3)學生不能敬天愛人，缺乏倫理決定能力；(4)國民缺乏民主法治的素養；(5)兩性之間無法尊重、合作，達到平權的目標；(6)生命內容貧乏，欠缺藝術的滋養。

(二)生命教育的目的

為解決前述問題，以(1)環境教育；(2)道德教育；(3)倫理教育；(4)公民教育；(5)兩性教育；(6)藝術教育等六種教育設計，達到(1)認識生命；(2)欣賞生命；(3)尊重生命；(4)愛惜生命等四項目的。

台灣省國民中學推展生命教育實施計畫總目標，則訂為(1)

輔導學生認識生命的意義，進而尊重生命、熱愛生命，豐富生命的內涵。⑵輔導學生認識自我，建立自我信念，進而發展潛能，實現自我。⑶增進人際關係技巧，提升對人的關懷。⑷協助學生建立正確人生觀，陶冶健全的人格。

三、生命教育的內容

㈠國中部分

⑴欣賞生命；⑵做我真好；⑶生於憂患（面對無常）；⑷應變教育與生存教育（從處常到處變）；⑸敬業樂業（在工作中完成生命）；⑹信仰與人生（無限向上的生命）。

㈡高中部分

⑴良心的培養；⑵人活在關係中（活出全方位的生命）；⑶能思會辨（意識生命的盲點）；⑷生死尊嚴（活得充實、死得尊嚴）；⑸調和小生命與大生命（社會關懷與社會生命）；⑹全球倫理與宗教（存異求同、建構立體的生命）。

四、生命教育的教學與實施方法

㈠生命教育的實施策略與方法

依台灣省國民中學推展生命教育實施計畫，實施策略有五：

(1)規畫生命教育實施計畫；(2)自主管機關、地方至各校成立生命教育推動組織；(3)規畫生命教育課程與教材；(4)辦理生命教育師資研習；(5)營造生命教育學習環境。

　　該計畫並訂定生命教育課程自八十七學年度國中一年級學生開始，逐年實施。各校教學時間可視地區特性，彈性應用週會、班會、導師時間、自習、空白課程等時段進行教學與體驗；每學期應實施五節，含課程教學三節、體驗活動二節。

(二)生命教育的教學方法

　　錢永鎮（民87）提供十種教法來引起學生動機：(1)由學生的經驗談起，再切入主題。(2)利用影像資料引起學生動機。(3)觀賞影片，增加學生背景經驗。(4)從報紙、社會新聞談起，再切入主題。(5)先讓學生表達立場，再進行兩兩正反討論。(6)教師分享個人經驗，引起學生動機。(7)學生先做專題報告，再進行講授。(8)設定上課目標，再進行課程。(9)運用團體活動暖身，引起學生動機。(10)由學生提出困境，再一起討論解決辦法。

　　徐錦堯（民87）整理出教育家們認為依次有效的學習方法是透過(1)實習：親身參與。(2)觀察：看到或聽到生活的、現實的東西。(3)標記：透過語言、文字、圖片、影片、圖解等去學習。(4)單單運用語言和文字的學習法效果最弱。據此提出九種活動教學法：(1)四人小組分享；(2)四人小組合作；(3)短劇；(4)角色扮演；(5)問卷（訪問、接觸、觀察、錄音）；(6)學年專題研究；(7)行動；(8)觀察、判斷、行動；(9)「多聽少說」訓練。

以死亡教育而言，除正式的教學外，亦可廣義地含括非正式的、偶發的、自然的、定期的、不定期的及非直接的與死亡相關的教學（引自黃天中，民81）。Durlak（1978-79）曾以兩種死亡教育方法為實驗組比較其效果，結果發現(1)教導性的方法，如演講、小團體討論等，其結果和控制組一樣，隨著時間而有負面的改變。(2)經驗性的方法，即運用角色扮演、死亡意識或哀傷活動，能幫助成員檢核自己的情緒和對死亡與哀傷的反應，顯著降低受試者的恐懼。

文獻中所提到死亡教育的教學方式通常包括：(1)隨機教學；(2)文學作品；(3)影片及幻燈片欣賞；(4)演講；(5)實地旅行；(6)請有關人員談論死亡相關的主題；(7)繪畫；(8)寫作；(9)討論報章雜誌；(10)角色扮演；(11)團體討論（引自蘇完女，民80）。大部分教學方式均較為生動活潑，使學生有較高的參與感。可為生命教育實施之借鏡。

五、生命教育的評鑑

倫理課、生命教育進行的四個過程為：知、情、意、行，因此首重反省與實踐，教師可在每個單元結束時，帶領學生做「學習日誌」：(1)左腦反省：打分數，用一句話來說明；(2)右腦反省：用顏色、圖案、音樂來形容這一單元自己的狀況（錢永鎮，民87）。

錢永鎮（民87）也建議以下十種評量方式：(1)自評表；(2)同學互評；(3)倫理知識測驗；(4)學生態度評量；(5)操作測驗

（如垃圾分類、助人技巧）；(6)幫忙做家事；(7)讀書報告；(8)
專題研究；(9)參觀心得報告；(10)建立資料檔案庫。

肆、教師從事生命教育之相關問題

一、實施生命教育可能的障礙

　　以國外實施環境教育為鏡，Ham 和 Sewing（1987-88）鑑
於環境教育進步甚緩，歸納相關研究，將障礙因素分為四類：
(1)觀念上的障礙；(2)客觀環境支持因素的障礙；(3)教育能力的
障礙；(4)教師態度的障礙。邱詩揚（民79）整理文獻，發現實
施環境教育的障礙因素多且複雜，主要包括：(1)缺乏時間；(2)
缺乏教材；(3)缺乏經費；(4)教師素養不足；(5)欠缺師資訓練；
(6)行政人員的支持；(7)家長的配合參與；(8)社區的配合參與。

　　台灣省政府教育廳倫理教育推廣中心（民87）編製之生命
教育教師手冊「實施體驗教育的注意事項」，提醒了七點考量
：(1)學校財政預算；(2)校長、教師對革新的態度；(3)媒體設備
的可用性；(4)學校的建築條件；(5)班級人數大小；(6)發展新材
料的能力(7)教師的能力。

　　由上所述，可知教師在進行生命教育之前須有妥善準備、
審慎考量，方能將障礙降到最低。

二、教師從事生命教育的態度

台灣省政府教育廳倫理教育推廣中心（民87）列出生命教育活動體驗中老師的條件：(1)熱愛生命；(2)對生命有較全面的認識，有多方面的經驗；(3)有分析、透視、洞察生命的能力，有尋獲解決辦法的智慧；(4)立刻開始，不要等所有條件都具備和成熟才肯進行。

徐錦堯（民87）亦提醒老師在實施生命教育課程時注意：(1)學生發言的重要；(2)教師專業水準的重要。

以蘇完女（民80）進行死亡教育的研究為借鏡，我們值得注意：(1)老師對死亡和瀕死的態度與情緒，會影響到學生的態度；(2)教師必須對學生在課程中引發的情緒特別敏感，並加以處理。

三、教師在職進修

在職教育的課程可針對教師在校實施各種教學時的困境做設計，彈性較大，比起已相當制度化的職前訓練，效果更易彰顯（UNESCO, 1985）。Peyton分析十九篇有關教師環境教育訓練的研究指出：教師在職教育確實可增進教師的態度、知識和行為。

教師在職訓練的模式，Wilke等人（1987）提出下列三種，各有優缺點，運用時應視情況不同而加以選擇或修改：(1)上屬

訓練模式：先由專家訓練行政人員，再由行政人員訓練其他教師。(2)同儕訓練模式：以學校教師為種子，受訓之後回去訓練其他同事。(3)模組訓練模式：先由專家編寫一套自學教材，其中包含教學目標、前測、教學活動、後測，學習活動則包括個人或小組活動，自學完成。

目前依「台灣省國民中學推展生命教育實施計畫」規畫之生命教育師資研習，包括：(1)辦理各縣市中心學校校長、主任、教師代表座談會；(2)辦理縣市教育行政人員及視導人員生命教育研習；(3)辦理生命教育種子教師研習；(4)各縣市辦理生命教育教材教法研習及教學觀摩活動；(5)召開全省國中校長會議，溝通觀念、建立共識。

綜合以上文獻探討，研究者著手蒐集各種有關認識自我、愛惜環境、解決問題、建立正確人生觀等課題的相關資料，並考慮一般教師施行生命教育時所可能遭遇的時間、預算等限制，藉由小組研討的方式編纂教案及問卷，實施教學，並在教學過程中隨時分享心得、改善教學方法、互相鼓勵，期能達成生命教育的目標。

伍、生命教育課程之實驗研究

研究者之一（林家妃）於八十六學年度第二學期奉派為該校「生命教育種子教師」，前往台灣省教師研習會及曉明女中接受為期一週之研訓。研習過程中有感於曉明女中自民國六十

幾年來推行「倫理課」經驗之成果，及研習活動體驗中的處處
驚喜，研習回來後，與其他研究者分享心得，令本研究小組深
為感動，且躍躍欲試。

　　有感於國中學生對自我概念的低落，對生命的不重視，以
及價值觀的混淆不清，實施相關的課程對目前的國中生似乎已
是迫切的課題了。有鑑於此，又正值臺灣省今年極力重視及推
動生命教育的宣導，因此想藉此了解國中學生在實施生命教育
課程後，究竟有否幫助或影響。

一、研究動機與目的

　　研究小組成員雖各於公私立國中任教不同科目（輔導活
動、國文、英語）、擔任不同職務（組長、導師、專任教
師），但對於教育現況中種種學生適應問題皆十分關切，重視
學生整體發展尤甚於成績表現，平時便喜於分享如何協助學生
「成為一個人」之教學心得。在知道有所謂「生命教育」課程
之後，一方面願意配合政策宣導，盡一己之力；一方面希望藉
由本課程的設計、實施，提升本身教學效能；另一方面，更希
望學生能於我們的教學設計中真正獲益，體認生命的價值與意
義。

　　具體而言，本研究的主要目的為：
㈠蒐集與設計適合國中生的生命教育課程教材。
㈡探討生命教育課程對國中生有關殘而不廢方面的影響。
㈢探討生命教育課程對國中生有關自我肯定方面的影響。

㈣探討生命教育課程對國中生有關好人好事方面的影響。

㈤探討生命教育課程對國中生有關愛惜資源方面的影響。

㈥探討生命教育課程對國中生有關道德兩難方面的影響。

㈦探討生命教育課程對國中生有關問題解決方面的影響。

㈧根據研究發現提出具體建議，以做為發展國中生生命教育之
參考。

二、研究問題與假設

依據研究目的，本研究擬探討的問題為：

㈠接受生命教育課程的學生，對於殘而不廢方面是否較積極？

㈡接受生命教育課程的學生，對於自我肯定方面是否較積極？

㈢接受生命教育課程的學生，對於好人好事方面是否較積極？

㈣接受生命教育課程的學生，對於愛惜資源方面是否較積極？

㈤接受生命教育課程的學生，對於道德兩難方面是否較積極？

㈥接受生命教育課程的學生，對於問題解決方面是否較積極？

為回答上述研究問題，提出下列研究假設：

㈠接受生命教育課程的實驗組學生，對於殘而不廢方面較控制
組學生積極。

㈡接受生命教育課程的實驗組學生，對於自我肯定方面較控制
組學生積極。

㈢接受生命教育課程的實驗組學生，對於好人好事方面較控制
組學生積極。

㈣接受生命教育課程的實驗組學生，對於愛惜資源方面較控制組學生積極。

㈤接受生命教育課程的實驗組學生，對於道德兩難方面較控制組學生積極。

㈥接受生命教育課程的實驗組學生，對於問題解決方面較控制組學生積極。

三、名詞釋義

將本研究涉及的重要名詞與研究變項界定如下：

㈠生命教育課程

本研究所指的生命教育，是以殘而不廢、自我肯定、好人好事、愛惜資源、道德兩難與問題解決能力為教學內容，蒐集與設計適用於課前短時間說明之教材，增進學生對生命的認知與體驗、建立自我信念與正向人生觀的一個教育歷程。

㈡國中生

本研究所指的國中生，是位於台北縣頭前國中與台北縣自強國中之國中二年級學生。

㈢生命態度

生命態度包括殘而不廢、自我肯定、好人好事、愛惜資源、道德兩難與問題解決六個方面。在本研究中，以受試者在

自編的「生命態度問卷」之得分為依據；分數愈高表示生命態度愈積極，反之則愈消極。

四、研究對象

㈠本研究的受試係以台北縣頭前國中與台北縣自強國中之國中二年級學生為對象。

㈡由主試者從任教班級中任取兩班，一班為實驗組，另一班為控制組，實驗組接受生命教育課程，控制組則否。

五、研究設計

本研究為了了解生命教育課程的實施，對國中學生生命態度的影響，以「生命態度問卷」工具進行評定。研究架構如下圖所示：

本研究採用「二因子混合設計變異數分析」。自變項為組別（實驗組、控制組），組別是組間因子，測量階段為組內因子（前測、後測）。依變項為生命態度。

六、研究程序

㈠研究者：進行本研究者為本研究小組四人，四人任教的學校
　分別於台北市私立復興國中、台北縣自強國中、台北縣丹鳳
　國中、台北縣頭前國中。

㈡選取研究對象：受限於研究小組之現有人力、時間與經費，
　受試取樣於台北縣頭前國中與台北縣自強國中之學生。由林
　家妃老師與侯小龍老師各自於任教班級同年級選兩班，一班
　進行生命教育課程，為實驗組，另一班則完全不進行此課
　程，為控制組。

㈢進行生命教育課程：實驗組進行每週四十五分鐘的課程，每
　兩週為一個主題單元，共實施三個月（八十八年十、十一、
　十二月）。課程內容共六個主題：殘而不廢、自我肯定、好
　人好事、愛惜資源、道德兩難、問題解決。

㈣統計分析：實施三個月後，進行兩組之研究分析，兩組於三
　個月實施自編之「生命態度卷」分析其改變。

七、研究結果

　　本研究之結果如下：

㈠接受生命教育課程之實驗組學生，對於殘而不廢方面較控制
　組學生積極。

㈡接受生命教育課程之實驗組學生，對於自我肯定方面較控制

組學生積極。

㈢接受生命教育課程之實驗組學生，對於好人好事方面較控制
組學生積極。

㈣接受生命教育課程之實驗組學生，對於愛惜資源方面較控制
組學生積極。

㈤接受生命教育課程之實驗組學生，對於道德兩難方面較控制
組學生積極。

㈥接受生命教育課程之實驗組學生，對於問題解決方面較控制
組學生積極。

㈦能將生命教育課程提供予教師教學用。

陸、結論與建議

一、結論

關於本研究結果，結論如下：

㈠接受生命教育課程之學生，較能體會殘障者殘而不廢的精
神，更能尊重及珍惜自己的生命。

㈡接受生命教育課程之學生，對於自己有較深入的認識與了
解，並且能進一步地肯定自我。

㈢接受生命教育課程之學生，較能以好人好事為典範，關心社
會，感恩惜福。

生命教育課程對國中階段教學之影響 185

㈣接受生命教育課程之學生，除了能了解環保的重要外，更能愛物惜福。

㈤接受生命教育課程之學生，較能培養客觀思考的能力，分辨是非。

㈥接受生命教育課程之學生，較相信自己有能力去解決新的問題和所面臨的困難。

㈦生命教育課程，可作為日後教師實施相關課程之參考，並可將其融於教學中。

二、建議

對於本研究之建議如下：

㈠課程實施完畢之後，宜提供學生分享心得、彼此回饋的機會，以加深印象與實踐的信念。

㈡課程實施可彈性運用導師時間與班會，若持續進行，有助於建立師生情感，凝聚班級向心力。

㈢生命教育的教材俯拾皆是，可結合時事與學生生活經驗，更感親切。

㈣生命教育課程可由各科老師擔任，將對人我的尊重、惜福愛物、道德涵養、問題解決等精神融入原有課程，更賦予身教，成效不可限量。

㈤給予各科老師生命教育教材教法的研習，以交流經驗與增加動機。

參考文獻

錢永鎮、馮珍芝編（民 87）：生命教育教師手冊。台中：台灣省政府教育廳倫理教育推廣中心。

巫珍宜（民 80）：青少年死亡態度之研究。彰化師大輔導研究所碩士論文。

宋秋蓉（民 81）：青少年生命意義之研究。彰化師大輔導研究所碩士論文。

余興全（民 73）：國中環境教材及學生環境知識與態度之研究。師大教育研究所碩士論文。

林　煌（民 80）：道德判斷與道德價值取向之相關研究。師大教育研究所碩士論文。

邱詩揚（民 79）：台北市國中教師環境教育現況調查研究。師大衛生教育研究所碩士論文。

索甲仁波切（民 85）：**西藏生死書**。台北：張老師。

陳珍德（民 84）：癌症病人生命意義的研究。彰化師大輔導研究所碩士論文。

陳瑞珠（民 83）：台北市高中生的死亡態度、死亡教育態度及死亡教育需求之研究。師大衛生教育研究所碩士論文。

劉金花（民 79）：道德兩難情境討論團體對促進國小六年級學生道德判斷發展效果之研究。師大教育心理與輔導研究所碩士論文。

劉松明（民86）：死亡教育對國中生死亡態度之影響。高雄師大教育研究所碩士論文。

劉德威（民86）：青少年死亡態度、生命意義及因應行為與自殺危險程度關係之研究。中原大學心理研究所碩士論文。

鄭淑里（民84）：死亡教育課程對師院生死亡態度的影響。師大教育心理與輔導研究所碩士論文。

鍾春櫻（民81）：死亡教育對護專學生死亡態度之影響。彰化師大輔導研究所碩士論文。

謝建全（民72）：不同制握信念的國中學生其自我觀念與求輔態度之研究。高雄師院教育研究所碩士論文。

顏裕峰（民82）：國中生的社會興趣與同儕人際關係之相關研究。彰化師大輔導研究所碩士論文。

蘇完女（民80）：死亡教育對國小中年級兒童死亡態度的影響。彰化師大輔導研究所碩士論文。

熱愛生命　拒絕毒品誘惑

台北縣立菁桐國小　校長　蔡文杰

壹、前言

　　珍愛自己，才能掌握自己；把握人生，才能開創人生；在九二一集集大地震後，震毀了許多人的夢想，震碎了許多人的家園，我們期待學生們更珍愛生命，體悟活著真好的真諦，也希望發揮教學的藝術靈活運用各種方法，提供學生愉快而豐富的學習經驗，以防制學生濫用藥物。

　　在經濟快速成長，歐風東漸，社會型態轉型的今日，舊社會規範已經瓦解，而新社會秩序尚未重建，使正處於身心急遽發展的青少年，頓時無所適從，如同未塑形的泥土，易受社會不良誘惑，在逐漸成形的過程中產生社會困擾的問題。美國在教育改革趨勢中，曾擬具三大目標與十項行動計畫，其中第六項計畫便指出：「確保學校成為安全有秩序而無毒品的場所。」認為學校教育是教導孩子成為良好公民的重要一環，故

學校必須完全擺脫毒品的困擾（孫志麟，民87）。

近年來，青少年濫用藥物的問題一直是我國教育機構、警政單位及社會大眾關切的焦點；從以往的強力膠、紅中、白板的濫用，演變至安非他命與搖頭丸在校園中流傳，在在說明了推動藥物教育，杜絕校園中藥物的氾濫，已成為當今教育行政機關當務之急。本文擬就國人傳統藥物使用的錯誤觀念及目前青少年濫用藥物的心理因素加以探討，進而討論推動學校藥物教育的具體方法，並且有效防制藥物的濫用，期望能增加社會大眾對於學校藥物教育的重視與關心，確保無藥物污染的校園環境，使下一代的學子，都能健康的學習與成長。

貳、藥物濫用的定義與分類

一、藥物濫用的定義

所謂的「藥物濫用」，係指蓄意地使用某種物質，並非為達到該物質的原有目的，且使用的方式足以損害個人的健康或功能。由於不只是藥物才有被濫用和成癮的危險，其他物質如強力膠、菸草亦可以使人上癮，因此美國精神醫學會所出版的精神疾病診斷及統計手冊第三版改稱為精神作用物質濫用（Psychoactive substance use disorder），並給予物質濫用三項標準，藉以與正常的物質使用加以區分。此三項標準是：(1)具有不健

全的使用型態；(2)因不健全的使用型態引起社會或職業功能的障礙；(3)障礙的持續期至少達一個月。

　　根據陳喬琪（民79）指出：在學理上，藥物濫用有其嚴格的定義，而且不只是藥物才會有濫用上癮危險，其他諸如強力膠、香煙，雖然都不是藥物，但都會成癮；因此「濫用藥物」應指非以醫療為目的，無醫師處方或指示，經常使用口服、鼻吸或靜脈注射等方式進入人體內，造成情緒、知覺或腦功能變化的物質，變本加厲的會導致個人身體健康的傷害，造成社會問題之脫序行為。

　　然而最嚴重的問題莫過於這些物質所產生的上癮現象，而所謂的「上癮」就是身體長期接受外來物質的刺激後，使身體的部分組織與這些物質產生結合後的錯誤平衡，一旦身體缺乏這種物質，就會產生不平衡的失序狀況；因此，短期的藥物濫用是屬於精神行為的錯誤現象，而持續一段時間之後，產生了生理的問題時，就已經屬於病態的上癮情形了。

　　藥物的濫用與上癮，將如同腐蝕劑般，漸漸的侵害人體、破壞心靈，更慢慢的把美好的人生推向岌岌可危的不歸路。

二、藥物濫用的分類

　　根據世界衛生組織的診斷分類準則，藥物濫用的種類大概可區分為以下十類：

㈠酒精：各類含有乙醇的飲料。

㈡鴉片鹼：包括各種天然、半合成或合成的鴉片製品。由罌粟

提煉而得,有鴉片、嗎啡、海洛因等。嗎啡是鴉片類最典型者,其他則包括海洛因及可待因(Codeine)等。

鴉片類的藥效最典型者為具有欣快感,欣快感之,則會陷入困倦狀態,並常有夢出現(Opium dream)。

㈢各種鎮定劑、催眠劑與抗焦慮劑。

㈣安非他命及同類的交感神經興奮劑。

㈤古柯鹼:包括古柯葉以及所提煉的製品,為白色結晶性粉末,主要以吸入方式使用,對中樞神經有興奮刺激作用,會產生愉快、幸福感,作用迅速且激烈,毒性強,大量攝取會因痙攣、呼吸困難而致死。最近美國以顆粒狀古柯鹼,俗稱快克(Crack)。

㈥尼古丁:如紙煙、雪茄。

㈦吸入劑:含有甲苯、酮、醇類等揮發性物質的製品,如強力膠、指甲油與汽油等。

㈧誘幻劑:如 LSD mescaliue,FM2。

㈨麻醉劑:如 phencyclidine(俗稱天使塵)。

㈩大麻葉其同類合成品:大麻是印度大麻(Cannabis sativa)類之植物,通常吸用者由其煙葉、花,或其他部分切碎組織,製成捲煙,故稱大麻煙。急性症狀包括陶醉感、飄飄欲仙的意識狀態、無方向感、對時間及空間的感覺也常常扭曲、無法正確的判斷、脫離現實、無企圖心、對一切事物皆置身事外,產生所謂的「動機缺乏症」、妄想及疑心,因而導致的行為障礙。

參、傳統對藥物定位的錯誤觀念

　　中國人與藥物之間有很大的親和力，對於藥物有著一股相當執著的信仰，也因此誤解了藥物原有的功能，而形成下列的錯誤觀念：

一、對藥物效力的迷信

　　我們的老祖宗，幾乎是處處與藥物為伍，不管是江湖術士的偏方，或是俠客術士的獨門解藥，甚至於皇親國戚所求的長生不老藥，都使藥物展現了其誘人的魅力，活化的藥物成了人人想得到的聖品，它彷彿人們的一顆定心丸，安心也安命；但這些曾被神格化的仙丹，在現今科學儀器的分析下，也只不過是一些元素的化合物，在人體體內進行生化作用而已，但卻被視為至上之寶。所謂「有病治病，沒病補身」，就是在這種迷信的力量下被拱上位的，但是藥真的有這麼大的功效嗎？長期依賴藥物的心理還算健康嗎？

二、對藥物使用的錯誤態度

　　藥物是仰賴藥理作用，來達成治病的功效，其藥效涵蓋的範圍，必定超越所期待的治療部位，因此必定具有其副作用，

唯有在醫生的謹慎評估下，才能開立處方。但是古道熱腸的中國人，卻把自己熟悉且曾治癒過的藥方，介紹給親朋好友使用，所謂「久病成良醫」，經驗雖豐，卻忽略了每個人體質的個別差異，雖然是一片美意，卻是極其危險的舉動，一藥通吃，不可不慎呀！

三、藥物取得的便利

由於藥物容易購買，再加上國人對於藥物認知缺乏了解及長期養成的依賴性，使得許多人貪圖一時之快，就近取材，也因而在不知不覺中，把自己的身體當做藥物的實驗室，稍有不適，即自行購買成藥，期以藥物對抗病痛，久而久之，身體的免疫力降低，抗藥性增加，健康也在藥物的便利使用下漸漸亮起紅燈！

肆、青少年濫用藥物的心理因素與行為型態分析

不論是青少年本身或是當事者家庭，甚至於臨床專業人員，都承認青少年時期是人生旅途中，一段令人感到迷惑、挫折或是具有挑戰性的時期，但是為什麼青少年會自甘墮落，濫用藥物戕害自己的身軀呢？以下就青少年濫用藥物的心理因素及行為型態加以探討分析之。

一、青少年濫用藥物的心理因素分析

(一)缺乏成熟的自我功能

　　精神醫學家弗洛依德（S. Freud）認為人格是由本我、自我與超我交互作用而生的內動力，隨著個體不斷的成長，由本我中逐漸分化出自我；因此，自我是滿足生理與心理需求的重要人格結構，透過周遭環境的學習與自我概念的建立，在社會化的過程中，不斷地強化自我功能。

　　但是由於雙親錯誤的教育觀，無法提供學習成熟自我功能的環境，孩子不能分辨是非善惡，只能停留在沒有控制行為能力的本我階段，孩子透過依賴外物，藉以獲取短暫的滿足，因此藥物便成為他們維持生命的代用品，雖身陷其中，明知不可為，卻無法自拔，一步一步陷入悲苦的泥淖中。

(二)缺乏親情的關愛

　　青少年問題，源於家庭、成於學校、現於社會，許多濫用藥物的人，雖然他們的父母親自認為對其疼愛有加，但是他們卻認為父母不愛他們；這些孩子通常都具有「孤獨的感覺」，即使在繁忙的人群中，他們依然覺得被冷落，不懂得如何去關愛別人與如何去建立友誼，在困難時，也無法學會紓解不愉快的情緒，因此在「為賦新詞強說愁」的年少歲月中，只好藉由藥物去消除孤獨、減少恐懼，以求得暫時的超脫；但是這種消

極逃避的行為，卻使他們永遠當一名縮頭烏龜，過著沒有陽光的日子；愛是成長的潤滑劑，但也要能達成對方的頻率裡，愛才是助長的推動力。親情如何像個親密的網，網住一顆顆躍動的心是很重要的。

(三)缺乏自我價值觀

在不美滿家庭長大的孩子，不易養成獨立堅強的人格，對社會缺乏安全感，沒有自我肯定的能力，也因而喪失自信心，不知道自己活著的目的與價值。每個人除了在生理上求得溫飽之外，還會有安全與愛的需求，更要有自尊與人尊的需求；如果一個人不能以正當的方法，來獲得自我的價值感，那麼必會透過轉移的作用，尋求自我價值感，此時藥物很可能就是他們替代的一種物品。

(四)缺乏同儕認同感

學生在成長的過程中，都有他們不同階段的人格型態與認同感，心理年齡相同的孩子，喜歡相同的運動或事物，於是乎形成他們特殊的次級文化；倘若學生不能接納這種文化，在同儕間便顯得格格不入，漸漸的遭到他人的冷落。在沒有正確的引導下，學生常會尋求一種不正當的方式，以獲得短暫的認同感，濫用藥物便成為他們的一個避風港，因為在藥物裡，他找到另一個安全的寄託。

二、青少年濫用藥物的行為型態分析

　　一位青少年對於藥從潔身自好到淺嚐即止，最後演變成為濫用或上癮強迫性過程，其間一定有許多階段性過程，也就是說其間會形成所謂的「進階理論」。根據陳喬琪（民 79）指出：青少年的藥物濫用型態，應該有連線的觀念，其進階理論如下圖：

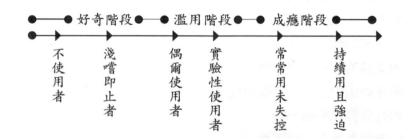

　　如何將好奇階段善加引導，陪伴孩子透過影片、辯論、資料等探討了解藥物，化好奇為學習是相當重要的課題。

三、青少年濫用藥物的徵兆

　　學生在成長的過程中，除了幼童時接受父母與教師的支持外，到了青少年時期，同儕團體就成了相互認同的重要對象，來自於友伴間的勸說、誘惑或脅迫，常常是青少年接觸不良藥物的重要因素，在好勝心的驅使下，第一次產生飄飄然、精神

亢奮的暫時性美好感覺，就脫離不了第二次、第三次的繼續使用，終致上癮而無法自拔。

然而，如果仔細觀察青少年的外顯行為，也可以在尚未成癮之前發現蛛絲馬跡，而盡早介入輔導，使其脫離癮海。而根據美國聯邦預防濫用藥物資料中，青少年濫用藥物就會有下列九種危險警訊：（劉慶仁、房思平，民86）

㈠情緒或態度突然改變。

㈡工作或學業不斷急遽退步。

㈢不斷反抗家中或學校的紀律規定。

㈣與家人或朋友相處不愉快。

㈤異常的情緒失控。

㈥金錢的使用量突然增加。

㈦在商店中順手牽羊或偷錢。

㈧行動畏畏縮縮。

㈨突然間朋友全數更換。

伍、學校中推動藥物教育的策略

在經濟水準提高，生活品質上升的今日，濫用藥物的情況已有愈來愈嚴重的趨勢；因此，除了要追根究底，減少其發生的環境或避免造成其心理障礙之外，更應全面實施藥物教育，以完全杜絕藥物之氾濫。一個完整的藥物教育課程，應包含於健康教育課程中，從小學至高中，要有其階段目標與授課內

容；因此，必須了解並遵守限制藥物濫用的律法與規則，再其次要了解並抗拒使用藥物的壓力，最後要共同強化無藥物污染的生活學習空間。

　　美國學者 Bosworth, K.（1997）認為藥物濫用預防課程內容應包括七種，依序為(1)規範教育（Normative education）：幫助學生了解使用這些藥物是不正確的，避免造成學生認為每一個人都會有此現象的錯覺。(2)社交技術（Social skills）：教導學生有關作決定、溝通技術與建立自信心，以改善他們的社交狀態。(3)社會影響（Social influence）：幫助學生承認使用這些藥物的外在壓力，並協助減輕這些壓力。(4)了解傷害（Perceived harm）：協助學生了解使用這些藥物所帶來的傷害性。(5)保護因子（Protective factors）：多給予學生生活上的支持與鼓勵，如協助、關心等。(6)拒絕的技術（Refusal skills）：學習如何拒絕使用這些藥物的技術。

一、學校教師面對藥物濫用的信念

　　生命教育的種子應在孩子心靈中扎根，方能茁壯成可以庇蔭的大樹，身為教育領航員的老師，可以透過內在自我探索，從覺知了解中累積教育的能量，為藥物教育把關，撼動學生對於生命的熱愛與珍惜。

(一)強化自我信念

　　學校教師是學生藥物濫用的最前線守門員，因此教師必須

具備藥物濫用的知識，並且要有能力與學生探討相關的主題，包括：藥物如何進入身體、藥物對身體的傷害、人體對藥物依賴性的發展階段、藥物不當使用後的治療與康復、可利用的資源及轉介的機構，唯有了解得愈多，對學生的幫助才能愈踏實。

(二)堅持自我的態度與行為

教師必須提高自己的信用度，試想一位老煙槍的教師如何能勸學生遠離煙害，一位學生不信任的教師如何能取信於學生，因此，在進行藥物濫用的教學時，所擔任宣導的角色必須是正面健康的楷模人物，教師對於自我的態度與行為必須相當謹慎。在教學中，老師不只當學生的鏡子，照出學生的對與錯，更要當學生的一扇窗戶，讓新鮮清淨的空氣在教室裡流通，也讓窗戶與門對流，形成一個良善的學習網。

(三)強調正向的教學效果

藥物濫用的任何訊息傳遞，如果單靠書面資料的傳遞，並不能真正有效的遏止學生持續進行藥物濫用的行為，因此教師必須運用課堂中的教學技術，包括角色扮演、影片欣賞、真人真事報導……等，透過學生的真實性活動，讓學生從中體會與省思，才能產生正向的教學效果。

(四)支持學校的相關政策

教導藥物的正確觀念，除了由教師主動於教學過程中，與

學生進行對話外，更需要由學校行政單位統籌策劃，而身為教學現場的教師，對於學校的相關作為，除了表達自己的想法與行動之外，更應公開支持與鼓勵，使學校整體政策更為完整，上下合一，同為學生健康成長把關。

(五)持續的教師成長進修

通常被用來濫用的藥物，對於身體的影響、使用的方法、通俗的綽號與流通的範圍，都會隨著時間的不同而有所改變；因此，教育者就必須不斷的充實自己的相關知識，除了由報章雜誌上獲悉最新資訊外，也可以參加各種演講研討會，增加自己接受挑戰的常識，藉由個人知的體悟，才能達成有實質幫助的情意教學。

(六)支持社會對藥物宣導的活動

事實上，許多藥物濫用的根源是來自於學生所居住的社區或生活的環境中，更由於社區意識日漸提高，民眾參與社區活動之意願與行動也相對濃厚，因此社區已成為一個絕佳的反毒活動空間與最有效的宣導環境。因此，教師對於社會中所進行的各種藥物宣導的活動，有必要在課堂中傳遞給學生，更應該進入學生的實際生活環境中，透過與學生家長接觸的談話中，提供正確訊息與教育經驗，結合社區與家長的力量，共同關心，發揮幼吾幼以及人之幼的精神。

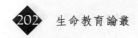

二、學校實施藥物教育的教學方法

過去，藥物教育僅停留在傳授學生認識藥物，並且一廂情願的假設學生可從這些知識中，改變自己對藥物的認識，進而預防濫用藥物；但是，現在我們發現，單是提供藥物的常識，不足以解決目前對藥物濫用的情形，因此必須透過情意與技術的層面，來引導學生真正拒絕藥物的誘惑。以下提供五種方法，分述如下：

(一)價值澄清教學法

實施價值澄清法的基本假設，即是青少年已習得藥物危害人體的知識，只是無法拒絕藥物的誘惑或不能堅持自己的價值觀；在實施的最初階段中，呈現兩難困境的例子，供其分辨藥物的利與弊，進而自由的選擇並獨立作決定，最後珍視自己的決定，而踏實地持續採取有價值的行動。在整個過程中，施教者只是催化劑，提供學生發展自己的情緒，表達自己的想法，以便能夠明智的作決定，透過衝突、澄清與了解後，才能內化為自律的重要指標。

(二)增進個人學習與生活的滿足感

根據研究指出，濫用藥物的青少年較少參加同儕團體間的活動，學業成績也較差，因此，藥物可能是他們對於自己生活及學習失敗的一個回應。教育人員在實施藥物教育的同時，必

須協助學生獲得學習上的成就與滿足，採用立足點的平衡，減少齊頭式的比較，使學習失敗的學生也能建立自我的信心；此外，更應鼓勵學生追求除了智育之外的成功經驗，藉由同儕間的相互回饋來肯定個人特殊的專長，滿足學習的成就感。而在生活方面，可透過各種成長團體，來教導學生自我尊重，增進人際關係及減少壓力的各種方法，透過學習與生活的滿足，或許可斷絕其對藥物的依賴。

(三)採用行為改變技術

在濫用藥物之後，可能會產生意識狀態的改變，感覺舒暢，消除不適感等；因此，進行藥物教學時，必須要用替代物或增強物來改變其行為，而這些物品必須因人而異，不同成長背景的學生，就必須採用不同的方法，設計具有挑戰性的活動，消除因無所事事而沈湎於藥物的情況。在活動設計的同時，必須考慮到適切性、可行性與逐步漸進等原則，以免眼高手低，造成二次傷害，經由行為改變技術，在漸進確立了正確的行為模式。

(四)學習拒絕的技術

說「不」是一項藝術，我們要使青少年有敢於說「不」的勇氣，多項研究皆指出，同輩團體的壓力是青少年犯罪最重要的情境因素，近來安非他命在校園中迅速蔓延，也多來自同儕團體間的交互影響，由此可見，教師與家長應該認識來自學生團體間藥物使用的壓力，進而協助其拒絕同儕團體間壓力的技

巧培養，建立自信心與自我肯定的能力，才能避免在他人的脅迫或威誘下，做出非自願及違法的行為；所以父母、教師必須誠心而敏感地了解孩子成長的改變與事實，站在孩子的立場，同理孩子的感受，聽聽源自孩子內心深處的另一種聲音。

(五)找尋藥物的替代品

　　生命的意義不在於形式的表徵，而在於自身內在的充實；生活的快樂不在於現實的滿足，而在於追求理想的過程。一個身體殘障的人，在自覺不足的情況下，為了超越自己，他會以無比的毅力，克服先天的障礙，透過昇華的力量，尋找自己的一片天空，甚至在藝術的殿堂大放異彩；一個懂得惜福愛物的人，他能滿足自己得來不易的愛與事物，進而以感恩的心，尋求生命中的自我實現與肯定。所以學校可以廣設各種社團活動，如靜坐、放鬆訓練、成長營……等，使他們的心靈有所寄託，也使這些活動成為青少年藥物的替代品。

陸、結語

　　在現今多元化的社會裡，一旦接觸毒品，就很可能落入犯罪淵藪，不但危害健康、使人喪失理智與思考能力，更使人自甘墮落，為滿足毒癮無所不用其極。然而傳統式的知識傳授方法已經不足以協助學生面對社會中遍存的藥物濫用問題，教育人員必須把握學習者的心理需求，加強情意、技能與習慣領域

的教學方法，發揮教學的藝術，靈活運用各種不同的方法，提供學生愉快而豐富的學習經驗。

此外，一個成功的藥物教育，除了學校教育的努力外，更需要喚醒學生家長和社會大眾共同關心，唯有大家建立共識，通力合作，發揮幼吾幼以及人之幼的大愛精神，彼此關懷，才能有效地協助青少年擺脫藥物的誘惑，促使青少年更加珍惜和關注自己的健康，並擔負起維護自身健康的責任。

西洋學者力奧巴士卡力說：「生命是條河流，你注入什麼就擁有什麼。」我們無法決定生命的長度，但可以增加生命的寬度，石縫中的小草極欲撥開石頭的阻礙，昂然於天地間；半身天使肯尼熱愛生命，積極樂觀的面對人生，乙武洋匡憑著毅力把陽光帶進心裡。生命原是這般璀璨可愛，生命原是這般亮麗芬芳，拒絕毒品的誘惑，勇敢向毒品說不，我們將會看到更多充滿朝氣的少年高歌生命的燦爛喜悅。

參考書目

李景美（民 79）。學校藥物教育之探討。**健康教育**，66，36-39。

陳喬琪（民 79）。青少年藥物濫用問題的初探：「進階理論」的觀點。**健康教育**，66，10-12。

孫志麟（民 87）。美國教育改的新趨勢：柯林頓的三大目標與十項計畫。**教育資料與研究**，23，51-54。

蔡文杰（民 83）。勇敢向毒品說"不"。**康橋敎研學會雜誌**，14，62-65。

蔡文杰（民 84）。如何讓青少年找回自己。**康橋敎研學會雜誌**，21，58-63。

劉慶仁、房思平（民 86）。美國校園暴力毒品與防治措施。**文敎新潮**，2：3，10-12。

Bosworth，K.（1997）.Drug Abuse Prevention ：School-based Strategies That Work.（ERIC Document Reproduction Service，No.ED409316）

流動生命之河

台北縣立積穗國中　校長　　李書文

壹、前言——了解生命，從分享開始

＊＊　　＊＊　　＊＊　　＊＊　　＊＊

那天中午，我剛從外面開會返校。在校門口遇見一位同學迎面和我打招呼，我訝異地問著她：「還沒有放學，現在準備上哪兒去呢？」她遞給我一張外出准假單，上面寫著：「家中的小狗臨時車禍過世了，請假回去安葬牠。」在她臉上，我看見了一份傷心與牽掛，我輕輕地拍著她的肩膀：「也好，既然這麼關心牠，就親手為牠安葬吧！改天有空再來和我談談……」——就這樣我目送她走出校門……我相信她是個重感情的孩子。幾天之後的下課時間，她告訴我過去這些日子以來，家人都很忙，她的小狗在她每天放學時搖著尾巴歡迎她回家……她真的不敢相信就這一剎那之間，可愛的「生命」居然消

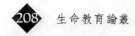

逝了！

　　＊＊　　　＊＊　　　＊＊　　　＊＊　　　＊＊

　　我突然發現在孩子天真無邪的思緒中，就算再「不識人間愁滋味」，也曾由心愛的寵物中激起一份不捨的深情。此刻豈不正是啟發其「生命教育」的好時機？於是我試著發現並配合老師們一同展開－不著痕跡的生命對話……那真是一段最美好的親師互動與分享。

貳、內涵──生命之河，靠流動常新

一、曙光乍現──生命的創造

(一)護蛋行動

　　教生物的陳老師，在「顯微鏡下觀察蛋的變化」課程進行前一週，交給學生一個「特別任務」。那就是每天帶著蛋上下學，隔天由老師在蛋上面蓋章，最看誰的蛋完整無缺，就贏得「最佳爸媽獎」。頓時全班同學的動作都優雅起來，再也不敢怒目相向，因為一激動，蛋寶寶就會……最後一天，同學在班會時發表好多好多感想，原來照顧蛋寶寶有那麼麻煩、辛苦……，但又是那麼值得！

(二)成長照片展

　　教英文的林老師，在「I Have A Brother And A Sister」一課中，請同學備妥相隔十年的兩張全家福照片。一邊由同學指認，一面用英語描述。發現每人的排行雖不同，但都是那麼重要，那麼剛好，尤其是成長的前後差異，在猜測的趣味中更加顯現生命的創喜悅。最後老師拿出一份剪報，那是在九二一「東星寶寶」照片——這劫後餘生的創造，何其震撼、何其珍貴！

(三)國王企鵝迷

　　擔任輔導活動科的劉老師，連日來一直陪著同學一塊祈禱，原來動物園新來的貴賓——國王企鵝，不僅姿態優雅，「企鵝爸爸孵蛋」的執著與使命感更教人感動分。然而，當日積月累的成果化為烏有時，企鵝爸爸疲憊的面容，掩蓋不住深藏的失落感……原來「愛」需要努力再努力，期待又期待，同時愛還需要「緣份」才能喜相逢！

二、波濤洶湧——生命的變奏

(一)見利忘義

　　公民科的江老師，很遺憾地向同學說明著，他的法律系學弟居然為了買「大哥大」而犯下搶劫案，毀了大好前程；一名

青年為了要錢居然想迷昏祖母，行搶其金項鍊，讓善良無辜的「生命」受到威脅。雖然生活中會有「慾望」，但如果不能「抗拒誘惑，延宕滿足」，就算是「知法」也會「犯法」，更何況「不知法」更容易「觸法」呢？法律維持公平正義的可貴與品德的端正，才是度生命危機，防止變奏的利器！

(二)天搖地動

八十九年九月二十一日凌晨一時四十七分的「超級震撼」，毀了多少家園，奪走了多少寶貴同胞的性命……十月十八日我們與台中縣太平市的長億中學締結了姊妹校。在真誠的關懷中，我們看見了大自然的威力，也驚覺出姊妹校「團結奮發，復原新生」的高貴情操。那份再度勇敢站起來的尊嚴與希望，是誰也奪不走的！來自各國的救援隊伍更發揚了人性至高無上的關懷！人與人之間的心靈距離其實一點也不遙遠！

(三)一念輕生

一位國小六年級的女生，因為與弟弟爭執不下而遭家長責備。一氣之下，用力關起房門，開大音響……就在母親喚其吃晚餐時，發現小女孩已上吊自殺。一場天人永隔，無法回頭的慘劇就這樣發生。愛兒已遠，悲莫悲兮，但親愛的寶貝為什麼在受指責時，不能有一點「挫折容忍力」？難道不願意參考建議，並「退一步路，海闊天空」？何必陷入這條「生命的死胡同」，讓家人傷心欲絕呢？

三、逆流而上——生命的轉機

(一)周大觀基金會的啟示

「我還有一隻腳」是國小學生周大觀在向癌症挑戰時所說的一句「令人深愛，引人深思」的話語……他小小的年紀在經歷常人所不能理解的病魔折騰時，仍能感恩惜福，並鼓勵周遭不幸的人繼續奮鬥。他是一位「與其咒詛黑暗，不如點亮光明」的生命鬥士，他擁有永恆的生命光環。我們尊敬他！所以將他的文稿列入「生命的詩篇中」……

(二)黃美廉博士的演講

週會時，我們邀請了榮獲「一九九二年十大傑出青年獎」的美國加州大學藝術博士「黃美廉」女士蒞校演講。經過口譯，表達她身為「腦性麻痺患者」的出生與成長歷程。尤其強調小時候母親在家握著她的手一筆一劃地陪她寫功課，並「要我認清一點，是我必須對自己的生命負責，不可能永遠依賴別人。」經過整整一年的練習，終於可以控制筆寫功課和畫畫了。從此，遇到困難時，都會想辦法面對、反省、解決，並不斷朝向自己的興趣，即「繪畫」，努力充實，亦在熱愛生命的信念下，做好份內工作。並且再也不怕別人在路上對我大叫「白癡、阿達」。因為我正努力活出生命的色彩，一刻也不遲疑。

㈢《乞丐囝仔》讀書會

經過「班級讀書會」的推動，賴東進先生的奮鬥故事與近乎傳奇的一生，讓現代學子透過作者「現身說法」，體驗「逆流而上」中諸多原本「不可能的任務」，之所以達成──原來就是生命中那一段「永不放棄的堅強韌性」……讓我們共同來發掘它！

四、力爭上游──生命的韌性

我們發現，唯有「掃除環境毒素，增加生命強度」才能強化孩子生命的韌性，並須教導學生認清「人生不如意事十之八九」的事實，以力爭上游的勇氣誠實面對，才有轉圜餘地。因此，展開了以下系列行動：

㈠知心信箱，分享秘密

從中發現「經濟困難」的孩子，除了為之申請仁愛基金、社會救助，我們的「合作社」還提供「工讀機會」給予「助學貸款」；面臨感情困惑的小兒女，在保護其隱私的原則下，展開深度輔導行動，化解緊急危機……至於被人欺負，受挫的學生，則予以抽絲剝繭，理出來龍去脈，為其還諸公道，以撫平身心的創傷。畢竟孩子的每一個難關克服均須有效地協助。

(二)誰來早餐，滋潤心靈

週三早晨的空氣特別清新，飄蕩著的是「小故事大道理」的播音。一個隨手將海星拾回並丟入大海的老人，不放棄每一個可能得救的海星；一個長期愛護屬下的長官，流落到集中營將被行刑前遇見了他昔日寬容過的部屬，因而逃過一劫……每一個生機仍然存在於「勇敢活下去」的「希望」之中！

(三)孝悌楷模，啟迪美德

「瓜有藤、樹有根，最深父母恩。」在功利導向的社會裏，能回歸「飲水思源」的「人性本質」最是可貴。因此本校家長會特將表揚的重點，由傑出才藝擴充到「孝悌楷模」，讓一顆顆童稚保持純良，一份份親恩獲致體恤，至少莫被心傷，更不致被誤傷。也好讓這份「美德善行」散播生命的芬芳！

五、大愛領航──生命的光輝

(一)雪梨奧運的極限挑戰

獲得「桂冠」是運動家一生中夢寐以求的殊榮。就在兩千年的澳洲雪梨奧運會中，中華民國榮獲的獎勵的確十分可喜，但尤其是殘障運動項目中的金牌連連……更令人讚嘆不已！這顯示了每個人都有無比的潛力──所謂「大愛無礙」，生命本具有無限的可能性，連「盲胞英雄挑戰玉山」的隊伍亦在「我

國綠野追蹤協會」的發啟下，眼盲心不盲地信心向前行，終於在八十八年七月十八日清晨攀登上主峰。請問，我們還有什麼藉口說自己不行？朝會時我和學生一同省思著，我們可曾好好看重過自己，並努力開發潛能？

(二)嘉義的蒲敏道神父義行

　　瑞士籍神父蒲敏道先生於八十九年十二月十五日獲總統頒贈「紫色大綬景星勳章」。現已百歲的他，於四十年前來到「嘉義朴子天主堂」服務迄今，成立「婦女習藝所」培育專長，興建「文明興社」提供學子住宿，又創立「聖心教養院」照護重殘患者。—他奉獻畢生的精力，總是看到別人的需要，很少想到自己的享樂——就這樣寫下了永恆的愛與感動，並且是超越國界的，無私的付出……對於「常覺自己吃虧，心生不平苦痛的學生」，我樂意告訴他這個真實的故事。

(三)慈濟大愛遍佈全球

　　「哪裏有困難，那裏就出現慈濟」，不管是地震、空難、水災，在最悲戚的一刻，慈濟都以第現場的搶救時機協助受災戶走出痛苦，重建家園。這種「以行動代替說話」的善舉，寫下見證的精神，已被列入加拿大新斯科亞省中的選修教材——「世界接觸」中……原來行善就是從身邊及時開始，我們在為人服務的過程中，閃耀出生命的光輝！

六、細水長流——生命的規畫

我們不能掌握生命的長度，但是可以拓廣生命的廣度，所以由此觀點，生命仍是可以規畫的……

(一)每日佳言

一千零一夜的故事永遠說不完，重要的是將每位師生願意傳頌的善行義舉化為「每日佳言」。於是透過「電子布告欄」，從「心中有愛，人見人愛」，「No Pains, No Gains」到「一個今天，勝過兩個明天」，「受苦的人沒有悲觀的權利」，中英文交錯地為孩子種下福田，盼能逐漸開出心靈的智慧花朵。

(二)生涯護照

「平凡、平淡、平實」的「一步一腳印」，正是成長歷程中不假外求的真實寫照。學校採用「生涯護照」忠實地記下曾有的服務、創作、榮譽及五育活動參與－驀然回首，這個「三年有成的『我』居然成熟、長大了！當然裏面有著父母、師長與好友濃濃的「愛與叮嚀」！未來的我當然要過得更充實，更有意義，那麼就展開一系列的「生涯規畫」吧！

(三)情緒管理

秉持「你好，我也好」的信念，彼此肯定，互助互信才能

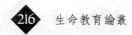

與人快樂相處，而享受「生命互動的過程」。肯相信「施比受更有福」，心情自然開朗。因此情緒管理之前要先調適自己「不要太怕吃虧的心態」，轉化為「甘願作，歡喜受」的境界。那麼看到別人因為你的幫助而成就更好，心中怡然自得，無怨無悔而流露出的高雅氣度豈不從容！

參、結語——生命之美，在欣賞尊重

＊＊　　＊＊　　＊＊　　＊＊　　＊＊

「錢關、情關、生死關；關關不易過，過則豁達。
親情、愛情、知音情；情情皆珍貴，惜則歡喜。」

＊＊　　＊＊　　＊＊　　＊＊　　＊＊

在實質面人人並不相同的情形下，有「愛與學習」可以使人「換個想法、快樂自然來」！既然生命是那麼不輕易發生，不容易維護，不自動解困，那麼又何不就讓自己化作「蝶」自「蛹」破繭而出——以毅力爭取生存的權利，用智慧維護生命的尊嚴，並在「欣賞與尊重」中彼此互助合作，共隨緣飛舞於「此生」之翩然……

生命教育——從生活的感動經驗，進入教育的世界

台北縣立水源國小　教師　　杜守正

甦　　　我
　　　　我就是我，是一個人，簡單、豐富、完整。

「生命教育」要談很難，要用實踐的，要用「做」的。做——故人，也就是老朋友。做自己的老朋友，也就是回到自己，回到生活。

天天的日常生活就是教育。因此，生命教育不是用談的，要活出才算數。

醒　　　我決定走小學教育的路
　　　　自己成長，也為下一代的成長做點事；
　　　　生活有了意義　　　生命也有了延續。

　　「生命教育」既是要由「做」，而且是真做、實做開始，那到底是誰「做」呢？學生嗎？對！老師嗎？也對！家長呢？也要啊！那麼到底要由誰做起呢？別客氣！就是由你自己做起。因為，在生命的課題上沒有固定的老師，也沒有固定的學生。「行」的人就是老師。真行、真做的人，才是「真行」的人，他也才夠格當老師。因此，生命教育要從生活入手，真做才能切身，真行才能有真感動。

　　　　教育不是
　　　　　你想帶給孩子什麼！
　　　　而是　你想帶給自己什麼！
　　　　　不要用冠冕堂皇的句子　說
　　　　一切都是為了孩子
　　　　我想　還是先想想自己，回到自己
　　　　　你　要過什麼日子！
　　　　　你　要成為什麼樣的人
　　　　然後　　然後就真做
　　　　　很「自私」的做，很認真的做
　　　　很篤定的去做
　　　　很溫和的　　教育就在裡頭。

　　說要很「自私」的去做，並不是私心的自私，而是對「生命的自私」。槍口是朝自己，而不是向別人的，這是老子的意見。

　　我們常常花時間、花生命陪人家逛街、閒扯，對自己的生命一點也不吝嗇；但是，對於金錢卻很自私、很吝嗇。別人想借錢，常是斤斤計較，對於花生命陪人壓馬路卻慷慨得很，到底我們要過什麼日子？我們要成為一個怎樣的人？對生命的自私是一種收攝，是一種回歸，是一種蘊涵。回到自己，才可能面對自己，進而成長自己，也才知道這個「人」真正需要的是什麼。有了這樣的體認、經驗之後，你才能了解，什麼才是對別人真好的，也才能推己及人。生命教育的源頭在此，尤其對孩子而言，才不至於說一套、做一套。因此，對生命絕對「自私」的人，是不自私的。

　　感　　　　　時常感覺從生活中冒出芽來
　　　　　　　　　　　　很重要。
　　　　　　　　　精神吃飽很重要。

　　感——感心，也就是同樣的心，要感同身受，要用生命去體驗、去體認、去對話。

　　一直覺得「日子」是一位老師，因此，平常就有記錄生活中有感覺的事的習慣，以下是這些年來在水源的幾則點滴，希望是個引子。

◎之一

　　今早，吃了早餐，坐在桌前，窗外有鳥語。有山、有雲

氣，有木棉、楓樹…。聽著王鎮華老師的易經錄音帶，泡老茶覺得心定定的，很舒服。窗外的木棉結了果，準備開花。偶爾也掉下幾片枯葉，一人無話，感受著這份自然的脈動，有喜滋滋的味道。從陽台望去，去年那棵柿子樹，已掉光了葉子，側門旁的櫻花也是光禿禿的，只剩枝幹，我知道她們又要開花了。而我，也在水源，即將度過第三個年頭。遠遠的大屯山上，有片雲，霧霧的，在陽台對面，校長宿舍窗上的那窩麻雀，飛進飛出，想起了去年看見的松鼠，不知道今年還會不會從窗外的電線走過。情人節的隔天。也是元宵後的第四天。我回到了水源的宿舍。很清新、很自然、很寧靜，很有春意，在心頭，窗外灑進了陽光，我推開門，拿了椅子坐在陽台上。

◎之二

當自己過得好時，總也想周遭的人知道，尤其那些你認為他過的很迷惘的人，於是，你用了很多心力，從有形的到無形的，最後，自己覺得疲累，而效果不知，尤其，對那些你最親近的親人、友朋。

回台南的日子，雖然有些朋友會主動到家裡來拜訪聊一聊，而你在日常生活中長出點東西，讓周遭的人感覺到，現在想想，有時是自己太過了，一方面也急，所以大部分都在耗能。倒也不是說這樣不好，而是「裡頭」一定有什麼道理的。

今天早上，自己一人在宿舍，無話，又有大自然如此美好的景況，我感覺到，要幫助人，要從這裡開始。

◎之二

　　水源風光好　蟲兒常飛　鳥兒常叫
　　水源風光好　花兒常開　人兒常笑
　　大樹公公常睡覺　小狗汪汪叫
　　　　四處真熱鬧

　　幾年前的作文課，出了「水源風光」的題目，阿焜寫了這首童詩。

　　記得那晚，我在宿舍批改作文，燈光昏黃，卻很感動。

　　就這樣，拿起吉他譜了這首曲子。

　　隔天，作文課時，我們一起唱了這首歌。

　　我發現阿焜發亮的眼神，就這樣，孩子們也感動了。

　　接下來的日子，感動就在我們之間激盪來激盪去，迸出了一些東西。

　　我覺得這是一個源頭。謝謝阿焜。

　　　[動]　　　土地、人、文化
　　　　　　　　其實是一體的
　　　　　　　　這三個結合在一起就有生命力

　　有感覺、有感受，進而能感心，最後真能感動。這個「動」就是落實在生活中，在教育的環節裡。以下二則活動，就是這個面向的記錄。

少　年　禮

動機　幾年前，我和一群師友，在德簡書院王鎮華老師的帶領下，共同參與了儒家冠禮，也就是成年禮的聚會活動，在前後半年多的聚會中，有很多的啟發與感動。我想把成年禮準備的過程、行禮當時、以及禮後的改變，這一路下來的感動，做一個分享，也做一個開展、延續。因此，我有了「童年禮」這樣的構想，希望能在孩子的心中，埋下一顆待發芽的種籽，在春風來臨時，長出新枝，帶他走一輩子。

緣起　記得二、三年前的一個晚上，自己一個人在宿舍，有音樂、有檀香、也有茶。在昏黃的燈光下享有靜謐的舒懷，不過今晚很特別，那些平常在教學上的課程、活動、教案，一一的跳上心頭，冒出來告訴我，耶！杜守正，這幾個教案要在一起，那幾個活動課程要歸一類，就這樣，我整理了少年禮的四個主軸，因為不是自己刻意要去歸類，而是「他們」一一跳出來自動整合的，因此，那晚我非常的興奮。同時，我也有了另一層體會，「課程是長出來的」。

　　㈠人與大自然（自然觀）

　　　※自然、生命、大地

　　㈡人與土地（歷史觀）

　　　※故鄉、鄉土、根

　　㈢人（個）　（人我觀）

　　　※了解自己、尊重自己

　　㈣人與人（群體）　（群我觀）

※尊重別人、相處之道

實施　少年禮的舉行，目前已有二次，原則上每週聚會一次，利用在校綜會活動或課餘時間討論，回去後，在生活中真做，有感覺、感動、體驗的分享，預定在畢業前舉辦一個童年禮的活動。目前已有二次，第一次是淡水文化基金會邀請淡水區一些國小六年級的小朋友約二十來位參與，第二次是本校（水源國小）畢業班在畢業典禮時舉行。

　　雖然有小朋友最後沒有行少年禮，但是，並不表示，他就不會「長大」，只是，他覺得這個時候，他還不適合。畢竟這是一個革命，革自己的命，不能勉強。

　　希望以後這群孩子，都是互相提攜的朋友，深深期盼。

水源生活書院

水源生活書院成立於今年九月二十四日，
成立的基本想法是
以愛這塊土地為出發
用自己這個人　和這塊自然土地對話
認真的生活　誠懇的過日子
從中學習　成長　體驗
認識自己　成長自己　也
了解這片每天生活的土地　與　自然景況
進而推己及人　帶動風氣
讓生活成長在這片土地上的人　都能

真正的享有自己　和這片自然　地地的環境

　　成為一個人　行走在這塊土地。

……給台灣　大屯山下的水源　愛這片土地的人……

成員：　小朋友、家長、老師

目前有的活動：◎水源畫會：每個月有一天的週日上午，
走訪水源地區的一些景點，大家一起畫
畫、泡茶。用非專業式的畫法，有時只
是畫一片葉子，以記錄式的方式進行，
預定在下學期一起舉辦「生活記錄
畫」。

結語　　　　打到心裡頭　再啟程

花　有開有謝　人　有分有合

不管是　聚少離多　還是

聚多離少　　什麼才是

內心裡頭　　真心有感

水源　　這不算短的六年

希望是　　一連串的

甦、醒、感、動

　　「生命教育」是一條成長的道路，只要你埋頭快樂的過日
子，在孩子心頭一定有感覺、有薰習。畢竟，天天的日常生活
就是教育。在這條成長的大道上，你走在前頭，孩子將尾隨你
而來，忽前忽後，相伴而行。

生命教育與死亡教育

藏傳佛教與人生

中華民國西藏協會　理事長　　覺安慈仁

壹、藏傳佛教的特色和意義

　　一般民眾提到西藏會有非常遙遠的神秘感，特別是西藏的宗教被認為是喇嘛教或專門搞法力和神通的密宗，其實西藏的宗教是屬於佛教三大系統之一的藏傳佛教，藏傳佛教也是西藏文化的基本精神也是藏胞生活的中心，藏傳佛教在佛法中的含意是一切自然存在的東西，尤其密法強調一切自然存在的東西它的本質是完美的，因此藏傳佛教是超越一般佛教的傳統思想，可以說是超越一切。

一、什麼是密法？

　　密法是藏傳佛教的基本特色，很多人認為密法神秘難以了解，其實密法最理性、科學，而且可以說是內在的科學。它是一種革命性的觀念，是非常古老的傳統，也是一種非傳統的觀念。密法是直接針對我們的內心，因此不受任何傳統道德、戒律、理論、規範等的限制，換句話說，它接受一切，而且是全然的接受，不做任何的抗拒。

　　藏傳佛教中的佛法含意為一切自然存在的東西，因此相信一切自然存在的東西它的本質是完美的，也是神聖的；而對神聖的存在而言，愛和慈悲是一樣的，神或佛愛一切所有東西，沒有分別，佛、菩薩或神的愛與慈悲是它的本性而不是屬性。我們把愛與慈悲分開，說某人得到神的愛或佛菩薩的慈悲和加持，那是錯誤，愛或慈悲本來就是神或佛。

　　但我們得不到神或佛的慈悲是因為我們並非處於一種接受性的心情狀態，除非我們變得有接受性，否則我們不能接受愛和慈悲。當你無法接受神的愛或佛的慈悲加持時，並不代表神或佛缺乏愛心或慈悲心，而是你自己的問題，你的一種障礙，佛教稱為業障，是你對他不夠開放，不具有接受性，我們的頭腦總是充滿抗拒性和侵略性，因此無法接受，接受不是我們的本性。因此所有各種不同的抗拒性與侵略性的本質都必須被放棄，一切都要接受，而且是全然的接受，將我們內心的大門打開，那時候你自然而然得到愛與慈悲，因為愛一直在流動，慈

悲到處都在顯現，所有一切自然的東西都具備了愛與慈悲。

　　如何打開你內心的大門，那要靜心，而靜心意味著不用思想，不用頭腦，一種完全無我無時間的狀態。人的頭腦一生下來就是一直在保護它自己，而且具有侵略性。我們一生下來所受的教育，所受的傳統文化都是如此，整個人類的文化都是如此，我們的頭腦、社會文化都在積極競爭和衝突當中。以這個為基礎，我們無法讓人與人之間融合在一起，整個社會無法處於和諧的狀態，這是有原因的。進化上的原因，人是由叢林而來，他的進化經過很多動物性的階段，即使在生理上，那種記憶和習性依然存在。當我說我的身體，我的身體是經過多少世紀的發展才形成現在的模樣，我全身的細胞裡繼承了在我之前存在的所有東西，所有的動物和植物，我的細胞累積了整個以前對衝突、奮鬥、暴力、侵略等等的經驗，每個細胞都帶著先前整個進化過程中的經驗。

　　生理上是如此，心理上更是如此，你的頭腦並不是在這一生當中進化出來的，它是經過非常長的過程才來到你裡面，它的旅程比自體所經歷的來得更長，因為身體進化只是在地球上，它不可能比地球本身所存在的時間久，但我們的頭腦或意識是從其他星球來的，基本上它是無開始的，所以人類的頭腦是無法預料的，它帶著累積的習性如暴力、貪欲等，我們對於過去無法想像，我們都存在於過去的習性當中。因此人現在的頭腦是從過去進化到現在，它是沒有辦法愛的，因為它沒有辦法變得有接受性，人的頭腦不能愛，除非頭腦消失否則愛無法產生，除非有愛否則你沒有辦法感受到慈悲，因為唯有在愛裡

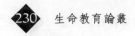

面才能夠敞開心靈。

　　思想一直在繼續，它會一直持續到你覺知為止，當你能覺知的時候，這個連續就中斷了，你還是會存在，但你已經不是過去的部分，現在你屬於這片刻，新鮮、年輕、清新，那就是你的意識本來，在這種狀態下，你整個人就變得很新鮮、很清新、很輕，準備進入一直繼續來臨的下一個片刻，唯有新鮮意識，才具有接受性，才能夠敞開心靈。內心無界限，完全開放，像廣闊無雲的天空，這是內心的天空，天空裡只有意識、覺知存在，在這個狀態裡你超越一切，超越時空，你具有接受性，使你在每個層面都敞開，佛的慈悲和加持從每個地方降臨到你身上，從樹木、從天空、從人、從動物都會來臨的，即使是一個死的石頭也充滿了佛或神的慈悲與愛心，你會感覺到神或佛的慈悲和加持從每一個角落降臨到你的身上，那你不只是存在，你會稱為佛或神，這種轉變改變了你存在的態度，那麼整個存在就是愛或慈悲的流露，你就稱為如像觀世音菩薩。

　　密法所強調的是超越和轉換，例如將我們的貪、嗔、癡不捨不斷而轉換成智慧與慈悲。因此密法不離人生，與我們的人生有密切的關係。

二、如何自我實現？──修持密法的宗旨

　　密法所強調的是自我實現，相信自己，而密法從來不談理想和道德，因為每個人的道德與理想不一樣，密法相信你自己的存在就是最高的理想，密法提供給你實現最高理想的方法與

觀點。佛陀或耶穌都很偉大，但祂們不是你的理想，如果你把他們當成你的理想對象，你將會錯過他們，而你自己的佛性或本心永遠無法實現。因此佛不是理想，佛性才是理想，佛陀和佛性是不一樣的，佛性是內在的了悟，也是一種偉大的經驗，釋迦牟尼成佛，你也可以成佛，但是你無法變成和釋迦牟尼一樣。雖然兩位都是佛，內在的覺悟相同，都是了悟空性的一種表現和方法，將來你我也是一樣。所以你就是最高的理想，不要模仿別人，要去發現自己。悉達多的身上所發現的事情在你我的身上都會發現，只是時間的問題，但是發現的過程絕對不同。所以佛只是一個偉大發現的象徵，當你得到你自己存在的最高理想或價值的時候，你會知道得很清楚，你將會成為你自己。你以前從來沒有成為你自己，你是獨一無二的。因此密法說「不要模仿佛陀，因為祂不是你的理想」，並不是叫你否定佛陀，事實上它所指的是如何找到你自己的佛性，跟著別人走你將會錯過它，按照你自己的途徑你就能達成它。佛陀幫助你成為你自己，佛、菩薩或神都以不同的方式指向一個目標，那目標就是你。因此千萬不要成為一個模仿者，世界上所有偉大的成就者從來不模仿過別人，例如偉大的科學家愛因斯坦或釋迦牟尼，他們從來不模仿別人。事實上如果你不模仿別人，你很容易領悟，相反的你如果模仿，你將不會有任何成就，你會變成死板、不會有任何領悟。領悟是一種開啟，模仿是封閉的。

　　密法是非常實際的，它所使用的方法是從存在的事實開始，例如透過憤怒、恨、暴力，超越憤怒、超越恨、超越暴

力，沒有其他的方式。因為你存在於暴力、憤怒、貪欲等強烈
的感情中，所以要從你存在的地方開始，你必須經過這些考
驗，沒有人能夠替你經歷，讓別人代替是不可能的，你必須親
自去面對，親自去經驗。因此誰都救不了你，包括佛、神、你
的父母或老師等，能救你的是你自己。密法不講過去和未來，
它所強調的是現在，現在這片刻對密法來說是代表一切，密法
是直接把我們的貪瞋癡轉換成慈悲與智慧。

三、密法——內在的科學

　　人的心靈是十分的奧妙與神秘，密法是打開我們心靈之門
主要的工具。密法基本上是尋找真實的你，密法所重視的是
「你是什麼」而不是「你應該是什麼」，科學也是如此，科學
是關心物質層面的實驗，在實驗的過程中科學不預設立場，而
密法是關心精神層面的實驗，實驗的過程不講應不應該，而講
是什麼。應該與不應該牽涉到道德觀念與個人態度與立場的問
題，道德與理想創造出來是非對錯的觀念，而我們每個人的道
德與理想標準都不一樣，我的道德觀別人並不一定贊同。道德
與理想使你不斷的比較，而你的態度與立場引起跟別人的對抗
與衝突，你永遠無法符合所有人的標準成為一個完美的人，你
總是缺少某些東西，你會自我譴責，自我譴責無法改變你，因
為你不是那個你所謂「理想的人」，這樣你就錯過了真實的
你。如果你一直持續不斷的比較下去，在你的內心會產生一種
分裂，一個不真實的你會產生，因此密法基本上在尋找一個真

實的你。

　　密法基本上針對著我們人的內心世界，將內心世界分成兩種，一種是我們現在凡夫的心，另一種是我們的本心。凡夫的心有分別與執著、痛苦與悲傷，而我們的本心是永恆不變的清淨與光明，它是佛心也是智慧性，它隱藏在我們的內心深處，被凡夫心所遮蓋住，就像戴上面具的人無法顯露出它真實的面目。我們的本心就如同晴朗無雲的天空一樣的明亮，在我們的日常生活中有時也能體會到本心的真面目，帶給我們無限的自由和自在，譬如當你看到一幅你喜歡的畫或聽到喜歡的音樂，或者當你與所愛的人在一起內心會充滿喜悅和快樂，完全超越時間，存在於當下，那就是真正的實現自我，但可惜的是這種感覺往往十分短暫，有時幾秒鐘就過去了，修習密法的目的就是永遠維持這種狀態，修持過程當中不受任何限制，可以用無限的方法。

貳、如何修持密法淨化內心？

一、覺知——智慧的工具

　　密法強調融解和覺知，對密法來說，生活就是修行，生活也是一切。在日常生活中我們要知道如何與我們周圍的人與物融解，同時也保持高度的覺知，覺知就是智慧的工具，唯有透

過覺知才能達到智慧。換一句話說，我們要在日常生活當中懂得如何使我們的內心平淨與祥和，同時也保持非常高度的覺知或警覺性。因此密法一再的強調要融解，我們不要變成像冰山一樣，而要與自然成為一體，才會與大海融合在一起，要有覺知才會有轉變和蛻變。

　　例如說，當你看見一個很久不見的朋友，你會感覺到喜悅和快樂在你的內心升起，此時要集中精神在這個喜悅與快樂上，盡量去感覺它，你變成了它，甚至你的整個存在就變成了這個喜悅與快樂，保持停留在這個喜悅與快樂的感覺之中，這就是我們所謂的密訣。如果你的注意力放在朋友身上而不是在那個喜悅與快樂之中，你就錯過了密法的密訣。那種快樂與喜悅是暫時性的，你要想辦法把那種喜悅與快樂變成為你的，那個朋友只是幫助你促成了這件事而已，依佛法來說是緣而不是因，那種快樂感是你種的因。不僅喜悅如此，其他東西也是如此，例如憤怒、悲傷、痛苦等，無論任何事情發生在你的身上，那絕對不是別人給你的，它的因早就隱藏在你的裡面，外在的因素或情況只是緣。因此任何隱藏在你裡面的東西遲早都會實現，不論是正面或負面都是如此。依佛法來說你所種的因，例如當你生氣的時候，不要把注意力放在使你生氣的人身上，全然的去感覺那個憤怒，讓它去發生在你裡面，不要去做合理化的解釋，更不要去責怪使你生氣的人，他幫助你將隱藏在內心裡的憤怒顯現出來，他打擊到你某個隱藏傷口的地方，它讓你覺知到它的存在，所以你變成了那個傷口，他讓你知道你有了這個病已經很久，現在你可以治療它。因此你要感謝

他，要用感恩的心來對待他。不論是正面或負面的情況都要用這種方法來對待，你會發現內心產生極大的改變，如果那個感情是負面的，當你覺知到它的存在，你就能夠免於它，如果是正面的感情或感覺，你會變成那個感覺本身。

二、如何分辨內在的感情

如果你覺知到某種感覺或感情，當你變成那「知」的時候，感覺立刻瓦解，那麼它就是負面的，如果那種感覺散佈開來，變成你的存在，那麼它就是正面的，覺知在這兩種情況之下運作。如果它是有毒的感覺或感情，你會透過覺知而擺脫它，如果它是好的、喜樂的，你就會與它合而為一，你的覺知會加深它。原則是如果某種感情藉由你的覺知而加深，那就是好的，相反的某種感情透過你的覺知而瓦解，那麼它就是不好的。因此能夠在你的覺知裡成長的感情是美德，罪惡是無法在你的覺知裡成長的，因為人的本心是善的，覺知是我們本心善的一面，唯有我們在日常生活中無論做任何事都能保持覺知，才會和本心合為一體。換句話說，覺知是了悟本心最基本的要件。

因此美德與罪惡並不是來自於社會道德觀念，而是來自於我們內在的了解。覺知像光一樣照進黑暗裡，黑暗就消失了，所有的負面感覺如恨、憤怒、悲傷、暴力等都將會瓦解掉，同時愛、喜悅會顯現出來。

在我們的日常生活裡，可以使用這些觀點和方法，無論你

做什麼事，你要全然的將心在那件事情上面，同時也保持著高度的覺知，這就是修行。如此一來你可以把整個生活改變成喜悅與快樂，當我們的內心裡充滿了喜悅與快樂，智慧和慈悲才會產生，同時也帶給我們周圍的環境、我們的家庭親戚朋友、社會快樂與喜悅，這才是所謂真正的帶動社會和諧，甚至世界和平的動力。相反的一個不快樂不滿足的人，只會帶給周圍環境更多的痛苦和悲傷。

三、欲望──未來的夢

同樣的方法我們可以使用在老師和學生之間的關係上，當老師和你相處或教導你的時候，可以用同樣的方法和觀點，當你聽老師講課時你的注意力不要放在老師身上，先完全放空，不要去想過去和未來，心放在現在時刻，同時保持高度覺知，完全去聽。有一位密宗大師曾說：「當你聽得越多，你聽得懂的也越多」。如果你用這種觀點的話，你的內心會充滿喜悅與滿足感，同時你對老師內心會充滿感恩與恭敬感，這會帶給你完美的境界，你會全然的接受你的老師，同時從老師得到無限的祝福與快樂，如果你的注意力放在老師上面的話，你不但會錯過整個密訣，而且會帶給你更多的挫折與痛苦。因為如果你的注意力放在老師上面，你會進入欲望，你一旦有欲望，就會帶給你痛苦和煩惱，不管你的欲望是什麼。例如你希望你的老師對你好，或者老師應該這樣那樣，你一旦有這種欲望，你永遠無法滿足，因此你的欲望越強烈，挫折或失望也越大。一個

好的老師絕對不會教你如何變成跟他一樣，或者如何模仿他，如果如此，他在誤導你。相反的，一個好的老師教導你如何實現自己，如何變成真正的自己。

　　首先你要了解什麼是欲望，預期某種未來的滿足是欲望，它意味著你對現在不滿，它不處於現在這一片刻，欲望是屬於未來，而未來是不存在的。我們對時間的觀念基本是錯誤的，時間沒有所謂的過去未來只有現在。欲望會把你引到未來，把你導入幻夢之中。唯有在無欲望中你才能進入真實的存在，有了欲望你就會進入未來，未來是個夢。當你投射未來你一定會受到挫折，你為了未來的夢而摧毀現在真實的存在，因此不論你的欲望是什麼都是一樣。因為欲望意味著你不處於真實的這一個片刻中，而當下這一片刻是進入存在唯一的門，過去和未來都不是門、是牆壁。因此不能有欲望，不管是欲望什麼目標都不好，從入世到出世的欲望都是一樣，出世的欲望是頭腦跟我們玩的遊戲，是一種欺騙自己的行為，從有欲望改為無欲才是解放。

參、密法與人生的關連

一、活在當下──超越一切

　　密法中說人生應具有靈性，不要在物質和精神之間創造出

任何分裂。存在是一個整體，物質和精神是一體兩面，涅槃與輪迴也是一體兩面，密法也特別強調生活就是一切，你要活生生，如果你完完全全的活生生，對你來說沒有所謂的死亡，你已經超越了死亡，而死亡對你來說是一項非常偉大的經驗。但是我們人生基本的觀感是來自於我們的生活環境、教育背景和傳統文化，我們現在所有的這些觀念和我們原來的本心大不相同，我們為了符合適應社會環境而創造出一個假面具，戴著這個假面具來到這個世界，而把真實隱藏起來，甚至於把它完全壓抑，因此你被分裂和我們的本心對抗，你越走下去差異就越大，結果帶給你更多痛苦和悲傷。佛陀釋迦牟尼說人生是痛苦的，祂所指的意思並不是人生本身痛苦，是因為我們所生存的社會是不真實而虛假的、虛構的，而我們對人生所抱持的觀念極為主觀、執著，因而帶給我們痛苦和悲傷。比方說，一個小孩子生下來是整體的、真實的，那就是為什麼每個小孩子都那麼的可愛和美麗，但他在社會裡成長的過程中慢慢的被污染，當他長大時就變成和我們一樣，他又生了孩子，而他將會幫助孩子又變得跟他一樣，這種情況一直延續下去，因此我們真實的一面被壓抑，而不真實的一面被強化在我們身上。

二、實現真理──根植於真實之中

你無法透過不真實來得到任何的滿足和快樂，如果有的話，那是虛假、暫時的，唯有透過真實才可能得到真正的滿足和快樂，你才能夠達到真實的存在，才可能達到真理。

例如說，如果你在睡眠中覺得口渴，你在夢中喝了水，雖然你在夢中喝了很多水，但口渴是存在的，夢只是給你喝水的感覺，那個水是假的。這種情形不只是在夢中發生，連我們的日常生活，整個人生都一直不斷地在發生。因此如果透過不真實的人格與不存在的人格來尋找東西，尋求不到你會處於悲慘之中，如果得到了，你的悲慘會更深。

　　所以密法特別強調唯有你根植於真實之中，真理才會實現，但是面對真實你需要有非常大的勇氣，因為你已經習慣了不真實的東西，所以唯有你存在於真實之中才會有成就，因此無論你做什麼那是你在做，而不是別人叫你做。無論事情大小你要完全投入在那件事情上面，即使是一個小小的微笑也能變成一個偉大成就的來源。無論你做什麼，要注意觀察你是不是完全投入，如果沒有的話最好不要去做，把你的能量留到當某種真實的事情發生在你身上時再去做，保留能量，它就會完全的改變你，它將會是一個全然的、具有爆炸性的變化，這個才叫做自我的實現或了悟自心。

肆、人生──無限的能量與智慧

一、內在的自由與自在──人生基本的權利

　　我們是單獨的來到這個世界，離開這個世界也是如此，什

麼都帶不走，連我們最喜愛的身體也被留下來。只能帶著我們原來的本心和現在的心，包括我們一生中所累積的經驗。但是為了滿足自我，符合我們凡夫心靈的願望和需求，發展出非常狹隘、主觀、偏見、自私自利、無明的觀念和心態，在這種心態中我們完全忽略了我們真正的價值。

我們現在的人生如同一個小小的波浪，一個小波浪如何來面對大海？因此如果我們不改變對人生的價值觀，我們永遠無法融入到人生的大海之中。人生不是一個難題，也不是痛苦，它是光明、自由自在的。所謂自由指的並不是形勢上的自由，而是從內心層面所獲得的自由和自在。我們現在的人生從外表看來自由，但從內心層面來看沒有自由也不自在。它關在我們的社會教育、傳統文化、宗教、家庭等監獄裡。

二、人生是痛苦嗎？

因此最好的方法是從原始起點開始，把我們的本心光明發掘出來，在這個過程中不能有任何的預設態度與立場，因為有了態度和立場就會阻礙我們的覺知，導致我們永遠無法了悟本心。如果我們的生命是要來適合我們的基本人生觀念、哲學、宗教，傳統文化和意識形態，在這種生命裡其實你失去了生命的價值和它原來的面目，你真正的生命已經死掉了，你會失去了跟生命有關的連結性，你的生命被你的態度所包圍，被自我困住，無法從這個情況裡走出來，結果帶給你更多的痛苦。佛陀說人生是痛苦的，並不是指人生本身痛苦，而是我們對人生

的基本態度和立場是痛苦的來源。因為我們的態度，我們對人生已經下了結論，已經設定立場了，我們人生的空間已經變小了，因此如果我們想要知道人生的真相，不能有任何的態度和立場，放棄一切，放開雙手，完完全全赤裸裸的走入陽光，走入空性中，從空性中找出自我，找出人生的真相。

三、放下一切──尋找人生真相

其實我們的人生是充滿了希望與各種可能性，也具備了各種條件和機會。人生最寶貴的禮物是我們內心的自由和自在，這也是我們基本的權利，這種內心的自由與自在是誰都沒有辦法剝奪的，我們自由的決定自己的生命，快樂與痛苦完全看我們自己，我們可以使用這個自由讓它變成地獄，也可以把它當做最美、最快樂，如天堂般的來看待，我們有自由選擇的權利。生命的潛力與能量是無限的，我們可以使它成佛、神或大成就者，同時也可以使它成為最惡行者、大魔鬼都有可能。但是人生才有這種可能性，其他眾生都沒有這個潛力，比如一隻狗一輩子就是一隻狗，不可能變成其他的，因此佛陀說人生難得就是這個原因。

伍、人生無常

一、變化是人生基本的特質

佛陀說人生無常所指的是變化,人一生出來就在變化之中,不只是我們的身心在變化,我們的周圍、環境,甚至整個地球和宇宙都在變化當中。對我們本身來說,如果把我們的童年照片拿出來看的話,我們很可能不認識自己。我們的身體一直在變,每樣東西都在變,因此我們要很深切的體認到這個變化的事實,否則我們無法避免因變化而帶來的痛苦。沒有一個細胞能夠保持相同,生理學說我們的身體是一個流動,就好像河流,每刻都有細胞在死,也有很多細胞在生,因此我們的身體和頭腦每刻都在變,我們很難認出來我們孩童時代的照片,如果能夠有我們思想的照片,那麼不只是認不出孩童思想的照片,連最近幾年的思想照片都認不出來。因此每樣東西都一樣,一切都在變,就我們的頭腦而言,早上時候的你與中午、晚上時候的你都不一樣。有一位偉大科學家 Eddingtom 曾經說過,在生命裡休息這兩個字是空的,我們的生命一直在變動之中,每樣東西都在動,沒有一樣東西是休息不動的,星星、地球、太陽、生命、樹木都在動,從來沒有一個片刻有任何休息不動的,即使你在睡覺時你也沒有在休息,你睡八小時之後你

就老了八個小時，其實你在很深的睡眠當中你的意識在動，你的身體和頭腦都在動，一切在動，生命就是流動，所以無法保持一樣。

　　當某人去見佛陀，在那個人要離開之前，告別的時候，佛陀會說:「記住，那個來見我的人已經不是即將要回去的人」。因此我們無法保持每一片刻的相同，如河流般不停的流動。有一位智者說：「你無法進同一條河流兩次」，同樣的話也可以對人來說，你無法再度碰到同一個人，這是事實，因為我們不知道這個事實的真相，所以我們繼續期待別人保持一樣、不變，因此帶給自己痛苦。比如婚姻，拿結婚之前與結婚之後相比較，無論男女都會有所改變，但你一直期待對方不變，保持一樣，那是不可能的，這種期待只會帶給你痛苦。如果我們能夠體認頭腦繼續不斷變化的事實，我們就能夠不用花費任何代價來逃離很多不幸的事情，我們所需要的是簡單的覺知頭腦不斷的在變化。比如說，某人愛你然後你繼續期待他的愛，但是有一天他若不愛你甚至於恨你，你就因此受到打擾或痛苦，你所受到的打擾或痛苦不是因為他的恨，而是因為你的期待。如果你知道變化是人生基本的特質，體認凡是活著的人都會變化的這種基本的道理或情況，你就不會受打擾或痛苦，同時也不會與這個變化的形式對抗，我們會自然的接受變化的事實。如果你注意看你的身體，你會發現它時時刻刻在變，我們的心或頭腦也是如此。

二、如何尋找變化中的不變

唯一不變的是我們的本心，它是永恆的，我們的深層意識是不會改變的，當我們的頭腦、思想都在變的時候，這個深層意識扮演著觀照者的角色，這個觀照者永遠都是一樣的，所以我們有這種意識層面的差別，這兩種同時存在我們的裡面，因此我們是兩種人格所構成的，一個一直在變化之中的變化，另一個一直維持不變之中的不變，如果你覺知到這兩個層面同時存在，那麼對你會很有幫助。不變之中的變化是人生最大的特點，在你外在意識形勢的部分一定是不停改變，但你的內在意識層面裡你是不變，永遠保持一樣。在我們的日常生活當中注意這兩種狀態，我們不需要去做任何努力或反應，只是注意，要有覺知就夠了。但是我們很可能不注意而忘掉，我們很可能沉迷於圍繞著我們變動的世界，我們完全忘掉我們內心層面的意識，它是我們的中心點，我們一直被改變的流動所蒙蔽，因此任何不變的東西我們都不會注意它的存在。比如說，你的家在飛機場附近，每天都有飛機的聲音，你不會注意它，因為它每天都有。但是如果有一天飛機的聲音忽然停止，你立刻會覺知或注意到它。因此某種東西經常不變，保持一樣，我們的頭腦習慣於不注意它，但相反的某種東西一改變我們的頭腦就立刻去注意它。所以每樣東西都按照它原來的樣子都不變，我們不會去注意或覺知，因為我們的習慣上沒有必要。因為我們的本心永遠都一樣、不變、永恆，所以我們就錯過了它的存在。

我們經常習慣於注意我們的身體和頭腦，因為它們不停的改變，我們認為我們就是它，和它們認同，認為我們整個存在就是它們或它們的整個存在就是我們。

三、不變中的變化——人生最大的特點

一般的宗教家說，我們不需要改變世界或別人，但是需要改變我們自己。我們只要知道每樣東西都在改變，要有這個覺知，然後在改變之中沉浮，在改變中放鬆和自在。這個時候我們的頭腦沒有未來也沒有過去，此時只有這個片刻，而這個片刻是一切。為什麼要放鬆，因為如果你放鬆，那麼那改變的背景將會給你對照，透過它，你就會感覺到那個不變的東西，如果你做任何努力改變別人或自己，你就無法看到我們的本心不改變的一面。你的心靈太過於被變化所佔據，因此你無法看清事實真相。

按照密法，我們的頭腦總是想要去做某些事情，它一直在變動，而本心它是無為的，重點是放鬆、自然、不做任何事，如果你能夠覺知到這點，就不需要擔心其他任何東西。使用這個方法會給你一切，這樣你就知道了這個密訣。因此透過改變你可以超越它，同樣的透過死亡超越死亡，透過憤怒超越它。密法的方法是在改變當中找到那個不變的東西，換一句話，從我們的現在的凡夫心中找出那個清淨、光明、永恆的本心。

陸、如何修持密法

　　在密法中，皈依與親近上師是不可缺、且非常重要的一環，佛陀在經典中告訴我們，在過去已經成就的諸佛中，沒有一位是不經過上師的教導而證悟的。在專修之前必須選擇一位上師，求法的過程中往往會接近很多位上師，聽聞他們的開示，但真正實修時要視緣份與根器，固定皈依一位所謂的根本上師，讓他成為你一生中修行的指引，用耐心、智慧、勇氣、謙虛的心來親近他。如何恭敬上師是一種藝術，很少人能夠了解。上師與弟子一樣都仍在輪迴當中，所以在與上師的相處過程中，還是會遇到衝突與挫折，帶給我們極大的痛苦與壓力。但我們千萬不要被這些障礙與困難所征服，這是起因於情緒與業障，是修行中必須靠自己消除的。當我們碰到困難時，應不斷的提醒自己，我們所做的選擇是正確而具有重要性的，有永恆的價值，我們應對自己充滿信心與希望。所謂好上師的標準，應視其教法是否符合真理，而非上師個人。佛陀曾提出「四依」：依法不依人、依義不依語、依了義不依不了義、依智不依識。所以我們相信真正的上師是真理的化身。

　　修習密法必須經過聞、思、修三個階段，此稱之為智慧的三個工具。

　　「聞」指的是聽，這種聽比一般人所認為的聽困難，如果要真正聽聞佛法，必須要完全放下自己原先有的觀念與想法、

偏見與執著，心裡不要有任何預設立場。如果能做到如此境界，才能真正自由的接受佛法，而佛法也才能真正的貫穿我們。一位密宗大師曾說：「你聽的愈多，你聽得到的就愈多；你聽得到的愈多，你的了解也就愈深。」。

「思」指的是思考研究我們所聽到的佛法，當我們思惟教法時，它就會慢慢的融入我們的心裡，使我們的生活更充實豐富，開始反應出教法中的真理，此時對於教法會有真正的了解與認識。

「修」是指修行禪定，在聽聞佛法，深入思惟深信教法內容之後，我們必須經過長期的修行，真正實踐教法。修持密法有三項要件，第一是完全無時間性，修持密法的過程沒有未來與現在，完全超越時間，只有現在當下這一刻。當整個存在集中在一起，當下這一刻變成唯一真實的一刻。第二，在當下的這一刻裡我們要完全忘記自己的存在，變成「無我」，當我們不存在時，會發現別人也不存在。此時我們會進入另一境界，在此境界會發展出一個真實永恆的東西出來。第三，在此境界我們會變成完全的自然和自在，原來虛構的假面目全部消失，顯露出我們的真面目，了悟我們光明的本性。當然此境界不是很容易能達到的，所以最好的方法是將修行變成你生命的一部分，像是呼吸一樣。剛開始時我們需要無限的耐心與勇氣，修行過程中不要去想成功或失敗、對與錯，要自然的去享受它，不久的將來我們會體驗到它的圓滿與美，慢慢我們會了解，我們不需要向外去尋找快樂，一個人單獨的靜坐會帶來無限快樂。靜坐是開啟能量的鑰匙，如果不靜坐無法發揮智慧與能

量。全世界沒有比靜坐更美的東西，它也是最偉大的東西，過去許多的大成就者都是經過靜坐而開悟，包括佛陀在內。它是最自然簡單的，不需要花錢費力，在靜坐當中的人是最快樂最滿足的，他的一切言語行為都是最快樂的，也會帶給周圍的人歡欣與快樂。我們的日常生活當中反應出無限的快樂與喜悅，充滿了信心與希望。

修持藏密靜坐有很多種類，經常使用的有三種，第一是觀照呼吸、第二是找一特定對象、第三是持咒。第一種觀照呼吸是比較普遍而傳統的。氣是意識的身體，呼吸和思想是一體兩面的，當我們呼吸停止時，會發現思想跟著停止，我們的思想快、呼吸也跟著快，因此呼吸是跟著思想走的，只要觀照呼吸，我們會知道思想處於何種狀態，當思想完全停止時，呼吸也會停止，此時我們會害怕，以為自己死掉了，但是此時我們是處於很深的禪定中，我們的外呼吸停止，內呼吸仍存在，因此我們不會死亡。但從另一角度看，很深入的禪定與死亡是有類似點，在兩者中呼吸都已停止。所以如果一人知道靜坐，也就知道死亡，那是為何修行者可免於死亡的恐懼，因為他知道呼吸停止，他仍可存在，呼吸並不是生命。

觀照我們的呼吸時必須自然，完全放鬆，按照它原來的狀態觀照，開始觀照呼吸時，呼吸會變得不規則，但是呼吸會慢慢更深，我們會發現呼吸更鎮定、更安靜，頭腦思想也相同，這是觀照呼吸的第一部分。第二部分是心理的部分，當我們進入第二部分時，會觀照出思想中更微妙的東西、思想、欲望和記憶。當我們更深入觀照，我們會發現思想愈來愈少，慢慢的

思想會消失，我們會進入空的境界，同時保持很高的覺察心，如果能夠保持如此狀態四十八分鐘，我們即可開悟。當我們沒有任何思想進入腦海，同時保持最高的警覺，此時就能把我們的本尊或佛直接接進來，我們已變成主人，客人自然就到。

柒、修持密法——此生開悟成佛之道

在密法中你所皈依的上師必須具備完整的傳承，在實修上有相當的成就。當我們皈依上師後，應修持上師相應法，讓我們與上師的心結合。上師相應法是密法中非常重要而且是不可缺的一環，它分成四個步驟：

第一是啟請，開始觀想由內心深處啟請真理的化身、完全的覺悟者，如佛一樣的上師出現在面前的天空中，觀想上師散發出光明燦爛的光芒，以無上的智慧慈悲與力量加持在我們的身上，如果我們對觀想上師感到困難並沒有什麼關係，重要的是你要感覺心中確實有你所觀想的對象出現，代表著一切諸佛菩薩的加持力量與智慧，然後放鬆，讓心中充滿著上師的出現，由內心發出強烈的意願，來請求上師淨化一切的業障與煩惱，使我們能體悟自己的本心，以深度的恭敬將我們的心與上師結合，將我們心安住在上師的智慧中，將自己完全交給上師。

第二個步驟是加持的力量，持誦本尊或上師的心咒，如四臂觀音的心咒「嗡嘛尼貝咪吽」，當我們持誦咒語時，要深信

此咒代表觀世音和一切傳承上師的智慧和慈悲的加持。在持咒時要觀想五種顏色的光芒融入到我們的全身，消除我們從過去到現在所有的業障，我們和上師本尊融和無二無別，此步驟必須要非常專心，而且要有堅定的信心，漸漸的我們會覺得自己愈來愈接近本尊或上師，縮短與本尊或上師間的距離，我們的心藉由加持的力量，會慢慢轉化成本尊或上師所具有的智慧心，因為你堅定的信仰所得到的加持，你會發現他們的心原本就是你的本心，你的智慧心，你與你的本尊上師原本就是一樣的。加持的力量不可思議，過去在西藏有許多修行者，只是專注的持誦咒語而得到證悟。

第三步驟是灌頂，灌頂在密法中是非常重要的，灌頂是授權的意思，上師授權給你專修密法，在沒有接受灌頂之前是不能專修密法的，通常上師是一對一的灌頂，如果有金剛師兄在也是最多五人以下，一切以上師為主。在公開場合中舉行的是結緣與加持或開示灌頂，金剛佛的灌頂是絕對不能在公開場合中舉行。在接受灌頂之前，首先要把心放空，在空心當中觀想上師出現在面前的天空中注視著我們，上師身上散發出燦爛的光芒，光芒流進我們的全身，淨化加持我們的心，消除所有的業障，在我們的身上種下覺悟的種子。

正式灌頂必須經過三個步驟：

第一是身灌頂，觀想上師從頭頂射出白光，並發出「嗡」的聲音，進入我們的頂輪，貫注全身。白光是一切諸佛菩薩的加持，洗淨我們一切由身所累積的惡業，強化觀想的力量，打開邁向開悟的道路。

　　第二是口灌頂，觀想紅光從上師的喉中射出，並發出「阿」的音進入到我們的喉輪，貫注全身。紅光代表一切諸佛菩薩的加持，洗淨我們屬於口所造做出的惡業，同時准許你有持咒的權利。

　　第三是意灌頂，觀想從上師心中發出藍色的光，並發出「吽」的聲音進入到我們的心輪，貫注全身。藍光代表一切諸佛菩薩的加持，洗淨我們屬於思想上所造做出的惡業，淨化身心系統上的能量，同時授權給你可以修習上師相應法門，開放你準備開悟的本心。

　　經過此三階段，我們已接受了一切諸佛菩薩金剛不壞的身口意上的灌頂。接受上師完整的灌頂之後才能專修密法。修行密法有兩個次第，一是生起次第，一是圓滿次第。此時我們應堅信不疑的相信上師的本心與我們的本心是合而為一的，一切覺悟一切的法門都是在我們的本心之中，我們會感覺完全的自由自在，從此之後我們的所思所為都是源自於我們的本心，如果上師相應法修習的好，臨終時可以開悟，是此生自然中陰的一部分。

如何打開中脈

　　基本上修習密法有兩大方向，第一種是直接了悟本心而得到證悟，這種傳承稱為大圓滿和大手印，在藏密四大教派中，紅教與白教比較重視專修大圓滿或者大手印密法。第二種稱為無上瑜珈法，主要內容為修持氣脈明點，是密法中特有的修行

方法。主要的目的是打開中脈而達到開悟的境界。在密法中指出人的肉體是由六大元素：土、水、火、氣、脈、明點所組成，要修習無上瑜珈者，必須具足這六元素，也就是說只有人才能修行無上瑜珈法。人體中有七萬兩千條細脈與中脈和左脈右脈三條大脈，而氣在脈中，氣為本心之體。中脈以心臟為中心往上伸到頭頂，往下延伸到臍下四指處，中脈是被左脈與右脈在不同的點上打結，而且非常緊密，一般人中脈裡的氣是不流通的，除非死亡時才能把這些結打開。在密法中把這些結稱之為「輪」分別是頭頂輪、喉輪、心輪、臍輪、密輪，修行無上瑜珈時，經由禪定的力量來打開這五輪，讓中脈的氣流通，頂輪中有白點下降到心輪，同時在密輪中有紅點讓它昇到心輪與白點結合產生明光，得到證悟。這是修密法的特殊方法，必須要長時間的修習。修密的方法雖多，但無論哪一種方法都要經過密宗上師完整的教導，密法中相當重視傳承及次第的完整性。

頗瓦法（遷識法）

頗瓦法的意思是將我們的靈魂轉生至佛土，讓我們的意識轉化成佛的慈悲與智慧。頗瓦法在密法中是屬於方便的一個法門，在家或出家都可修行頗瓦法，因為在家居士忙碌於世俗的事，沒有時間長期修行，所以一般在家居士十分適合修行頗瓦法。修行頗瓦法主要的特色是臨終時不但能解脫自己，讓我們的意識得到開悟，同時也可以幫忙其他的臨終者。它主要的原

理是在死亡那一刻，修行者將意識從中脈射出，與佛的智慧相結合。頗瓦法視個人不同的根器與經驗有許多不同的種類，最普遍的頗瓦法稱為三認證的頗瓦法，在修行頗瓦法當中第一要認證的是我們的中脈是道路，第二要認證的是我們的意識在道路上，第三要認證的是淨土是我們的目的。

　　頗瓦法簡單來說，首先觀想清楚透明的中脈，從臍輪到心輪一直到頂輪，在臍輪上有一個蓮花座，上有一月輪，月輪上有我們的意識，將意識的樣子觀想成一顆透明活動的小豆子狀，觀想我們的意識從臍輪上昇到心輪，上昇過程所需時間約持續唸二十一遍「呸」左右，視個人修行程度有所不同。接下來觀想意識在一剎那間上昇到頂輪，我們的頭頂上有阿彌陀佛，阿彌陀佛的腳趾抵住我們頂輪中脈的出口，我們的意識碰到中脈的出口又下降回到臍輪，經過這樣不斷的反覆觀想修行，在我們臨終那一刻，我們可以把意識經由中脈直接送到阿彌陀佛的心中，這是簡單敘述頗瓦法的過程，至於詳細的過程必須要親近一位這方面修行有成就的上師來教導。

　　人死亡的時候，意識是騎在氣的上面離開我們的肉體，修行頗瓦法主要的目的是讓我們的意識從中脈的入口（頂輪）離開肉體，直接到達阿彌陀佛的淨土。在修行過程中必須對上師與阿彌陀佛具有很深的虔誠、慈悲及恭敬心，專心的觀想到成就為止。一般修行頗瓦法在四十九天內會有所成就，成就的象徵包括頭頂發癢、頭頂腫出來一塊、頭痛、流液體或是頭頂中脈處有一小洞出現，在洞上可插一根草等等，表示我們已經打開中脈。臨終那一刻，外呼吸停止內呼吸未停止，內分解與外

分解交叉的那個時候,是修行頗瓦法最好的時間。但千萬不可在未死亡之前,將我們的意識從中脈送出,這等於是自殺。修行頗瓦法是最方便、簡單,也是最快成就的一個法門。

捌、如何面對死亡而達到開悟境界

談到死亡必須承認二件事實:人一定會死,死亡是隨時都會來臨的。對於死亡我們沒有任何自主權或力量來改變。根據藏傳佛教說法人類面臨死亡有兩種原因,一種是壽命本已盡的死亡,第二種是過早的死亡,可以藉由做善事或修持延壽法門來加以延長,但如果是第一種自然壽命盡的死亡,任何力量都無法改變。一般人對死亡非常害怕,有極大的恐懼感,但是對於修密行者來說死亡是得到開悟的最好時機,在西藏有許多修行者在死亡那一刻得到開悟,所謂危機就是轉機。因此我們不但不應害怕死亡,更應擁抱它,將它視為修行最好的對象或最重要的一個部分。如我們從覺悟的角度來了解我們的生和死,就會了悟兩者是密不可分的,

藏傳佛教把人生與死分成四個階段,所謂的四種中陰:此生中陰、臨終中陰、法性中陰(光明)及受生中陰。此生中陰包括生與死之間的整個過程,在修行中陰法時上師告訴我們,此生中陰是面對死亡最好的一個時刻,如果我們在此生中陰修行好的話,將來不用面對痛苦的臨終中陰。臨終的痛苦中陰是從死亡過程開始,一直到外呼吸結束為止。最後,在內呼吸階

段，本心顯現出來，為法性的光明中陰，指的是死亡本性光明的體驗，我們內心的本來光明將會產生為聲音顏色和光能。受生中陰也稱業力中陰，就是我們通常所謂的中陰身，它一直持續到我們投胎有新生命為止。

在死亡那一刻有兩件事是非常重要的，一是我們的一生中做了什麼事，二是死亡當時處於什麼樣的心境，這兩件事對我們的未來有決定性的影響。其實我們在一生中累積了很多惡業，如果在死亡那一刻能確實改變我們的心境，發強烈的菩提心及懺悔心，就能夠淨化消除一切惡業，很有可能得到開悟的境界。很多上師在教授中陰法時告訴我們要捨棄一切世俗的事情，不要有任何執著，死亡前最後的念頭和心情，對於我們的未來立即產生強而有力的影響。

死亡的過程在不同的密法裡說明的非常詳細，密法中死亡的過程有八個分解的階段，大致上可分為內分解和外分解二部分，外分解是地、水、火、風的分解，包括四個階段。人體是由地、水、火、風、空這五大元素所構成，透過五大我們的身體得以形成與維持。它的分解就是死亡，這個肉體的結束。其中地、水、火、風是屬於外分解，空是屬於內分解。內分解是意念和情緒的變化，也包括四個階段，對藏密來說內分解才是死亡或者臨終中陰的結束。在內分解時靈魂才離開我們的肉體，當我們的靈魂或意識離開肉體時那一刻，在藏密來說才是真正的死亡。

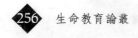

外分解

在外分解的每一階段中我們都會有不同的感受及體驗。

第一階段是地分解：我們的身體開始失去一切力量，感覺無力坐不起來挺不正，無法抓住任何東西，像被大石所壓一般沉重，臉色變得蒼白，眼睛無法開合，隨時會陷入昏迷狀態。這些是地融入水的現象，表示與地有關的氣愈來愈無法提供給我們的意識心，而水的能力愈來愈明顯，我們心中會出現閃亮光明的幻象。

第二階段是水分解：此時我們無法控制身中的任何體液，流鼻水、口水、眼淚、大小便失禁，舌頭無法轉動，眼睛嘴巴喉嚨內覺得非常乾燥口渴，耳朵聽不到外面的聲音，身體虛弱，無法有苦樂的分別，心變得非常模糊，充滿挫折緊張，有些人會感覺好像掉入大海中或者被大水沖走一樣，這是水融入火的現象，換成火在支持我們的意識心，心中出現濃煙或霧般的幻象。

第三階段是火分解：我們的眼睛嘴巴喉嚨完全乾燥了，全身溫度降低，從手腳開始冰冷沒有任何體溫，呼吸變冷，我們不能喝或消化任何東西。此時我們的心一下子清明一下子混亂，認不出家人記不得家人或親友的姓名。此時我們心中感覺好像投入到雄雄烈火之中，全世界都在火燒一般，現在換成風在支持我們的意識，心中出現閃亮發光黃色火花的幻象。

第四階段是風分解：呼吸愈來愈困難、短而費力、開始喘

氣，眼睛向上翻，整個人無法動彈，心識混亂，對外界毫無反應。我們與物理世界接觸的最後感覺正在流失，開始產生幻覺，看到種種影子。如果此生中做了許多壞事，也許會看到恐怖的形象，如果此生中做了許多善事，或是過著慈悲有益於眾生的生活，會看見快樂的天堂或淨土的景象。我們會產生好像被強風吹走的感覺，這種強風是無法想像的，是風融入意識的現象，氣全部集中我們的心輪，心中出現一支燃燒的燈發出紅色的光，我們的呼吸變得愈來愈長，此時全身的氣集中到中脈進入心輪，最後三個長的呼吸，然後呼吸突然停止，我們身上的一切生命跡象停止，此時就是現在醫學上所謂的死亡，但是在密法上來說，內分解仍繼續當中。在外呼吸停止和內呼吸結束之間一般認為有二十到三十分鐘左右的時間。

內分解

在內分解的過程中有四個很微細的意識層面變化。死亡過程是一種倒轉的過程，當我們父母親的精卵結合時，我們的意識在業力推動之下進入受精的階段，在胚胎時期，父親的白點（白菩提）留在我們的頂輪，母親的紅點（紅菩提）留在我們的密輪中，內分解階段就是從白點與紅點之中所產生的變化。

內分解分為四階段：

㈠白光的顯現

我們心輪以上的左右脈中，所有的氣融入中脈頂，因為氣

的力量，在中脈頂輪的結被打開，從父親遺傳而來的白點像水滴般降到心輪上，在外所顯現出的是一片白茫茫的現象，像是被月亮所遍照的清淨天空，內在的現象則是我們的察覺力變得非常清晰。此時由貪所產生的三十三種意念全部停止運作。

(二)增長的階段

我們心輪以下的左右脈中，所有的氣融入中脈底的密輪中，因為氣的力量，在密輪中的結被打開，從母親遺傳而來的紅點上昇到心輪上，在外所顯現出的是一片赤紅，像清晰的天空中太陽照耀一般，內在的現象則是我們產生強烈的快樂感。此時我們由嗔所產生的四十種意念全部停止運作。

顯現智慧的光明──了悟本心的面貌。

(三)完全證得

此時因為我們心輪周圍的左右脈結全部解開，白點紅點進入心輪之中，紅白點會合之時，在外所顯現出的是一片黑暗，像夜晚的天空，內在的現象則是體會到沒有任何意念的心境，因為沒有任何意念，此階段稱為完全證得。

(四)死亡的光明心

此時我們的紅點白點結合在心輪之中，最後紅白點融入心輪之靈魂氣中，回到原狀，外所顯現出的是一片晴朗無雲的天空。此時我們的心是最內層面的本心，也是佛心，是一切意識真正的來源，這種心如能一直維持即是開悟成佛。密法中到此

階段才稱為死亡，如果死亡時身體狀況不錯，一般人此種狀態可以維持三天左右，但修行者可以維持較長時間，甚至於在此階段得到開悟成就，一般的密法行者大都在此階段開悟，這階段結束靈魂就離開肉體，開始受生中陰。

玖、如何面對中陰──死亡到轉世之間

受生中陰

　　如從光明狀態中沒有得到開悟，我們將從光明狀態中醒來，生命氣或意識氣將從心輪的白點與紅點結合中離開肉體。意識離開肉體時形成受生中陰，同時在我們的心輪中白點下降至密輪，從密輪出去，在密輪會有出精現象，紅點從心輪上昇到鼻孔從鼻孔出來，此時鼻孔有流血現象。所謂的意識氣是十分微細的基本為白色，但可發出白、紅、黃、綠、藍五色代表五方佛。

　　意識氣是造成受生中陰的因，受生中陰是氣所組成的身體，也稱意生身，藏文叫「思巴」，意指可能性，因為在受生中陰階段不受肉體的限制與障礙，所以受生到不同境界的機會或可能性非常的大。受生中陰有外在的意身體與內在的心在此階段心非常清明，有無限的活動力但卻沒有自主力，完全被業力所控制，意生身如羽毛般被業力的強風所吹，我們的心從最

純淨的狀態進入受生中陰，心展現出更具體的形勢，在這個階段所發展的過程與內分解相反，風大再度出現，與我們的貪嗔癡有關的思想狀態隨著風大而來，然後，因為我們對前世的身體記憶在心中恢復的非常清楚，所以形成意身體。受生中陰的意身體有許多特色，它是非常輕靈，知覺性很高，透明和活動的。它的知覺力是我們活著時的七倍，它也具有最基本的清晰覺察力，能閱讀別人的心。意身體是無缺點完美的，無法保持靜止不動，即使是一阿剎也辦不到，它不停的移動，只要一起念頭就可以毫無障礙的隨意到任何地方，因為它沒有物質的肉體，所以能夠通過任何有形的東西，例如牆壁或高山等。但由於缺乏肉身父親的白點和母親的紅點，所以它眼前不再有日月光而只有一道微弱的光線，它可以看見其他的中陰身，但卻無法被其他活的生命看見，除非是高僧有天眼者。意身體以氣味為食，從燃燒的供品取得養分，但它只能享用特別以它的名字迴向的供品。

　　在受生中陰的頭兩個星期，我們不知自己已經死了，我們和平日一樣回家、出去上班工作等，但我們察覺我們的家人、親戚、同事朋友完全無法發覺我們的存在，我們會想盡辦法和他們接觸溝通，但卻不能引起他們的注意。當我們的父母或親友為了我們的死亡而傷心難過時，我們只能無力的看著他們。我們試著想用日常喜歡用的物品，但卻一點用都沒有。這時我們才知道自己死了，當我們知道自己已不在世的時候我們會難過的昏倒，當時我們的心情（中陰法所說）就像魚在熱沙中一般痛苦。

　　接下來我們會重演前世的一切經驗，重新經歷各種很久以前的生活細節。每星期我們都會被迫再次經過死亡的痛苦經驗，如果是安詳去世的就會重現安詳的心境，如果是痛苦去世的也會重現痛苦的心境。記住，這時候的意識是活著時的七倍強度，在受生中陰階段，前世的惡業全部以非常集中的方式爆發出來，我們非常害怕、不安、孤獨的流浪在中陰世界裡，就像一場惡夢一樣，如同夢中境界一般，相信自己有肉身，相信自己確實存在。但受生中陰的一切經驗是從我們的心中轉化而來是我們的業力所造成的。

拾、如何選擇你的來世

　　整個受生中陰持續的時間，平均長度約四十九天，最短是一個星期，情況各有不同。在中陰中的前二十一天會有強烈的前世印象，所以這是生者能夠幫助死者最重要的時段，過了這個階段下一世就慢慢成形。我們必須在中陰身等待，一直到與未來的父母親產生因緣，但有兩種人不必在中陰身等待，因為他們的業力強度可以把他們立刻吹到下一世。第一種人生前過著慈悲和清淨的生活，他們的心在修行中已有良好的基礎，因此他們的善業心力可以把他們直接帶到善道轉生。第二種人生前過著大惡和墮落的生活，他們會迅速下墜，墜到三惡道轉生。

　　在受生中陰階段因為個人的業力不同，所以每個人的經驗

也不一樣。在四十九天之內除非是過早去世，每個意生身都必須離開受生中陰世界。當再生的時間愈來愈接近時，你就渴望肉身的支持，開始尋找可以投生的對象。不同的徵兆會開始出現，預告你即將投生到哪一個輪迴。各種顏色的光從六道出現，那時你會感覺被其中一種顏色的光拉住，一被拉住就很難再回來，然後各種輪迴有關的景象將生起，如果你對中陰法有了解或有所修行，你會警覺它們真正代表的意義，不同的教法對這些現象的描述也稍有所不同，有的說如果你即將轉世到天道，就會看到進入一個多層的天宮；阿修羅會進入戰場之中，畜生會看到洞穴地洞或稻草做的鳥巢，如果你看到樹密林或織布，未來你會轉生為餓鬼，如果你即將轉生到地獄，就會感覺全身無力，還被帶往一片黑暗之中，有黑色或紅色房子的地方。

此外還有許多其他現象，譬如你的視線移動的方式會暗示你即將轉生的去處，如果你即將轉世到天道或人道，視線是向上的，如果你即將轉世到畜生道，就會像鳥一樣往前直看，如果你即將轉世到餓鬼道或地獄道，就會往下看，好像正在潛水一般。如果這些徵象的任何一種出現了，你就必須小心不要掉入三惡道，同時你會產生強烈的欲望想要投生到某些道，這個時刻存在極大的危險性，由於你想要投生的強烈欲望，就會引到你進入似乎能提供安全感的地方，如果你的欲望遭遇挫折，由此所生的瞋恨將使中陰突然中斷，你就是被那個煩惱驅使去投生，因此你的來生是直接受到貪瞋癡的決定，因為你的執著你會迷惑，好壞不分，或者把壞的生處誤以為是好的，因此你

必須好好注意不要盲目的進入到三惡道。最妙的是當你察覺到自己的遭遇時，還是可以改變你的命運。

　　中陰法提出兩種特殊法門，可以阻止再生，如果失敗也可以選擇較好的來生。

　　第一，捨棄我們的貪瞋癡，並且體認種種中陰經驗都沒有究竟的實體，如果能體會到這一點，然後把心安住在真實空性之中，就可以阻止再生。第二，把可能成為我們未來的父母觀想成佛、上師或本尊，同時想到諸佛的淨土，這樣會使我們不被捲進貪欲之中，讓我們往生佛國。

　　如果無法讓心穩定到足以做這種修行的程度，有另一種方法可以讓我們選擇來世，那就是辨認六道的地標和符號，如果我們必須轉生，或是我們希望轉生繼續修行利益眾生，除了人道之外不能進入其他道中，六道之中唯有人道能繼續修行。中陰法告訴我們，如果你將轉生到人道中的環境，你會感覺自己來到一座壯麗的房子或漂亮的城市，或在一群人中看見未來的父母結合在一起。

從談死亡看生命教育

台北護理學院護理系　講師　　　林慧珍

前言

　　生命教育在台灣是近幾年來才開始較常被討論的話題，生命教育在台灣的學校教育中不是課室中的一門課，但他對人的影響卻遠大於課室中的任何一門課。生命教育中的「生命」是何等的珍貴，一個人如果連生命都沒有了，如何談好壞、如何談喜怒，如何談過去與未來，台灣的新聞中出現小學五年級的姊姊與弟弟發生爭執，因母親的指責而上吊自殺；KTV門口青少年的鬥毆，可以殺一名完全不認識而且未曾與他發生衝突的人，只因為路過看見有人打架，就上前去殺了他，再若無其事的走開，讓我們不僅要問生命是什麼？這些孩子如何看待生命？他們對死亡的了解是什麼？

壹、死亡與生命的關係

　　死亡與生命看似兩個對立的名詞，如何從死亡可以看到生命？或當中有任何關係嗎？一般談到生命總是讓人雀躍，而死亡總是讓人帶點憂傷。多數的人都能了解每個生物在整個生命歷程中都有一個開端，也有一個結束。在生物性上，生命的結束就是死亡，死亡的出現對生命造成莫大的衝擊，因著死亡的存在凸顯了生命在時間上的有限性。談論死亡或死亡教育是生命教育中的一環嗎？答案是肯定的，談論死亡的議題中一定會觸及人為什麼會死？怎樣會讓一個生命死亡？也就是生命為什麼會結束？死亡到底是什麼？人死了會怎樣？周圍的人、事、物會怎樣？等一連串的問題。例如透過討論因車禍而死亡的議題，可以了解有些患者即使盡快把他送到醫院，也無法挽救其生命，醫療是有其極限的，死者周圍的親友會因為此事而感到傷心難過等等。除了死亡的主題外，也可以涵蓋交通安全及自我安全上的教育，使之更珍惜生命。在談論死亡及生命的有限性中，常能誘發人們思考到人心中善良美好的情操，例如愛、寬恕等，這些都是生命中最美好的部分。死亡教育的目的中很重要的部分是透過死亡的了解，而能欣賞生命、珍惜生命及反省自己的生命。因此死亡就像一面鏡子，從死亡的鏡中卻看到生命的有限性、生命的歷程及生命的美好，透過死亡教育或談論死亡可以有積極正向的學習。

貳、社會中的生死態度

　　中國社會中的死亡態度及死亡觀，長久以來多採取不公開討論或迴避的態度，一般人提到死亡總覺得晦氣，例如在生活中常見親朋間有喪事，前往弔唁或協助處理喪葬相關事宜，在儀式或事後的行為中常見到除穢的事項，如喪家會在鄰居門口貼紅紙，親友到過喪家後也會索取淨符回去，有些甚至在參加過喪事後不直接回家，或回家後一定要洗頭、洗澡，並將身上所有的衣服換洗。人透過一些方法使自己處在平衡的狀態，這些生活上的行為及態度當然會直接的影響他周圍的人，也包括兒童，尤其是兒童的重要他人對兒童的影響更為深遠。例如成人教導孩子遇到出殯隊伍要閉眼睛或繞路而行，盡量不要參加喪葬的場合等等。在生活中更少見父母、長輩與兒童做死亡的相關討論或分享，甚至在兒童提出問題時給予阻斷。這樣的處理不僅沒有提供孩子學習的機會，甚至孩子從成人的處理方式中學習到了成人的態度表達，造成這樣的結果，也可能是成人本身並未對這些問題深入思考，或不知如何回答是好。在學校教育方面，從幼兒到大學課程中談論死亡或以死亡教育為主要內容的課程並不多見，近幾年來才在少數專科及大學開設生死學的課程，因此兒童對死亡的了解認知從何而來？兒童有哪些機會去澄清他們的疑問？

參、學童接觸死亡的機會

　　兒童不因為年紀小就對死亡有豁免權，也不會因此死亡就不在他們身邊出現，兒童依舊有很多機會接觸到死亡的相關議題。「天有不測風雲、人有旦夕禍福」正足以說明人間事的多變化，孩子從媒體、生活經驗中都可以有所接觸，死亡是個無法隔離的事件，且每個孩子都是獨立的個體，都具有自己的特質。例如在生活經驗上，兒童的年齡相同、上同樣的課程，不代表具有相同的死亡概念，因為每個孩子都有屬於他自己的生活經驗。有些孩子曾經經歷到近親死亡的經驗、有些孩子經歷了一九九九年台灣九二一大地震災區身在其境的慘痛經驗、有些曾有飼養寵物而最後寵物死亡的經驗，當然也有孩子是把電子雞給養死的經驗、清明節和父母親一起去掃墓等等，這些不同的經驗都可能帶給孩子不同的學習及成長。除了生活經驗外，目前台灣的孩童受到媒體的影響不可說不大，而且其影響是不分城鄉的，各種媒體中接觸最多影響最大的莫過於電視了。根據一項研究調查發現國小兒童每日看電視的時間為二小時，在假日更長達五小時（吳知賢，1992），如果想檢視電視上的節目有多少與死亡相關的內容並不難，只要下次打開電視時多留意些，會驚訝出現死亡相關內容的機會還不少呢！兒童最愛的卡通也不乏死亡相關的內容，更別說是一般新聞性的節目了，例如新加坡航空的空難、象神颱風的肆虐、自殺事件、

兇殺案件、甚至二○○○年十二月台北市立動物園最熱門的企鵝孵蛋消息，每天的新聞節目中如做專輯般的追蹤企鵝孵蛋的情形，在工作人員的努力及全民的殷殷期盼下卻是一個令大眾失望的結果，新聞的熱潮也暫時告一段落。只是不知道在這段時間兒童透過新聞除了得到企鵝孵蛋失敗外還得到了哪些訊息？建立了哪些概念？在這期間周圍的成人，包括媒體還對兒童做了什麼說明？

　　孩子除了自己的生活經驗與媒體的接觸外，還可能透過閱讀接觸到死亡的概念，例如大受歡迎的鬼故事系列，即使看完故事書不敢一個人上廁所還是愛看，兒童還會將他的經驗與想法和同儕分享，因此也就彼此互相影響，這些經驗和事件都無法阻擋的直接進入兒童的生活。

肆、與學童談論死亡相關議題時的考量

　　與孩子談論死亡相關議題在人、時、地方面都應做適當的考量，可先思考進行的方式是個別的會談或屬於團體的活動。在人的方面最好是孩童所熟悉或信任的人最好，而且此人最好能自己做過對死亡的省思與探索，對死亡有健康的態度，例如學校的老師或輔導單位的專業人員，除了老師外，學生的父母親也是很適合與學生分享的人。在時間上，一方面考量孩子的基本需要是否已先被滿足，或是否有令他擔心的事未處理好，使他無法放下心來好好表達或思考，另一方面尊重孩子的意

願，是否願意在此時談論。若是屬於個別性的會談地點則最好是讓孩子感覺到舒適、溫暖、熟悉、能提供隱私的地點。這些事前的考量可能會讓分享的過程更豐富更容易。

伍、與學童談論死亡的原則與方法

與孩童談死亡，在說之前應先聽，聽孩子說些什麼，孩子說的必然是他的觀察、他的想法，甚至他的疑問，從這些可以對孩童有基本的了解。在很多時候可以從孩子的問題開始談起，直接對他的問題作說明或回答，因為這可能是他最想知道的或已經過他的觀察與思考所做的結論。

在說明死亡相關議題時應具實以告，不要隱瞞或以不實的內容告知，因為常常為了一個謊話而必須說更多的謊話，可能還因此使孩子產生不當錯誤的概念，無法對死亡有真實的了解。例如了解人死了就不會動、不會呼吸、也不會再回來陪你玩、當然也不會變僵屍回來害人。死了的人不會再回來，但活著的人可以用很多方法紀念他或想念他。不論是做概念的說明、討論，或處理死亡事件所引起的情緒，都可以借用各種方法或輔助物，例如故事書的使用，「我永遠愛你」（趙映雪譯，1999）這本書中就陳述了寵物死亡，「精采過一生」（黃迺毓譯，1999）則敘述人從出生到死亡的成長過程。除了完全按故事書的發展外，也可以由孩子主導來說故事。除了故事的運用，還可以利用戲劇或角色扮演的方法，透過戲劇欣賞可以

針對內容做討論及分享的安排，或由孩童自己的角色扮演或戲劇演出，將他們的想法直接表達出來。畫圖也是一個既方便又有效的工具，畫圖可以是表達的方式與途徑，在圖畫中可以找到孩子的想法、孩子的情緒，除此它更是與孩子建立關係的媒介，也可以作為討論的議題，有時候更可以是記錄某件事的紀念物。對於較大的孩子可以建議選擇適當的書籍，閱讀後可以舉辦讀書會的方式來分享每個人的感受，各種方法的選擇也可以學生的團體性質或學生的喜好做出適當的搭配。

陸、困境與展望

現在的成人不論是老師或家長，多在「死亡是禁忌話題」的社會中長大，因此受此影響極為深遠，在教師部分，目前各級師資的養成教育中涵蓋了生命教育的部分，當中的死亡教育仍較少被普遍討論，但近幾年來已有部分學校以選修、專題或研討會的方式，讓學生有機會接觸到這個領域，期待將來死亡教育的課題能普及到所有的師資養成教育中。

教師的群體因其養成教育是有跡可循的，甚至有特定的專業團體，而學生的另一重要他人——家長，則是散落在社會的每個角落。中國人有句話「一樣米養百樣人」，這正足以說明社會上每個人的獨特性，兒童的第一個學校就是他的家庭，第一個老師自然的就是父母了，父母的態度影響了孩子。若要在這部分有所作用，就必須要靠社會大眾的教育了，前面所述媒

體對學童有深遠的影響，對整個社會也有一定的影響程度，因此媒體更應善盡社會義務，傳播適當的訊息。而學校也可透過學生的學習將學生的家人也包含其中，彼此的互動越多，其分享與學習就會越豐富。

期待透過生命教育的推展，能讓人們重新認識體驗人心善良美好的一面，讓個人與社會都嚐到甜美的果實。

參考資料

吳知賢（1992）。**兒童與電視**，台北：師大書苑

建議參考資料

網站：
生命教育全球資訊網，http://Life.ascc.net
書：
張湘君、葛琦霞編著（2000）**童書創意教學－生命教育一起來**，台北：三之三。
翁靜雪（2000）：**傾聽！孩子畫裡有聲音**，台北：健行文化。
林焱譯（2000）：**他到天堂去了嗎？**新迪文化。
安安─和白血病作戰的男孩（1991），台北：漢聲。
我最喜歡爺爺（1986），台北：漢聲。

周大觀（1997）：**我還有一隻腳**，台北：遠流。

小知堂編譯組譯：**人生不可承受之死**，台北：小知堂。

趙映雪譯（1999）：**我永遠愛你**，台北：上誼。

哈莉凱勒：**再見，斑斑！**，台北：漢聲。

張莉莉譯（1999）：**爺爺有沒有穿西裝**，台北：格林文化。

約翰伯寧罕：**外公**，台北：台英社。

黃迺毓譯（1999）：**精采過一生**，三之三文化出版。

林美真譯（1997）：**獾的禮物**，台北：遠流。

孫晴峰譯（1999）：**樓上的外婆和樓下的外婆**，台北：台灣麥克。

一片葉子落下來（1999），經典傳訊。

洪瑜堅譯（1997）：**與孩子談論死亡——本由孩子寫給孩子的生死書**，台北：遠流。

陳月霞譯（1996）：**生離死別之痛**，台北：創意力文化。

包黛瑩譯（1989）：**失親兒的藍天**，台北：創意力文化。

陳芳智譯（1989）：**生死大事**，台北：遠流。

學前教育雜誌社編：**育兒錦囊集（二輯）：怎樣教導孩子認識死亡**，台北：信誼。

蔡楹修譯，**幫孩子面對危機：家庭中的死亡危機**，台北：桂冠。

劉還月（1999）：**台灣大地震斷層現場實錄**，台北：常民文化。

閻蕙群（1998）：**墨瑞的最後一課**，台北：雙月書屋。

白裕承（1998）：**最後 14 堂星期二的課**，台北：大塊文化。

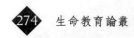

傅偉勳（1993）：**死亡的尊嚴與生命的尊嚴**，台北：正中。

洪蘭（1998）：**基因複製：從複製羊桃麗看人類的未來**，台北：雙月書屋。

黃玉燕（1995）：**大往生**，台北：方智。

徐進夫譯（1992）：**死的況味**，台北：志文。

林良譯（1998）：**失落的一角**，台北：自立晚報。

林良譯（1998）：**失落的一角會見大圓滿**，台北：自立晚報。

M.E.Kerr（1986），*Night Kites*, N.Y.：Harper Trophy.

Marion Dane Bauer（1986），*On my honor*, N.Y.：Dell Publish.

電影：（每一片長約 90-120 分鐘）

　　悲憐上帝的小女兒：一位小女孩在一場車禍中失去母親，表達其思念及想找回母親的心。

　　真情世界：一位罹患愛滋病的孩子沒有任何朋友，好不容易有一位鄰居的孩子願意和他做朋友，最後仍舊敵不過病魔，這過程間兩位孩子情感的流露。

　　摯愛：一位女孩的父親在考古工作中喪生，表達女孩的哀傷及其母親的情緒、母親的態度等，在遇到一位心理醫師後所給予的協助。

國中小死亡教育課程建構

玄奘人文社會學院　校長　　鄧運林

壹、死亡教育的重要性

　　隨著現今經濟發展，社會變遷，科技進步，人們的物質生活愈來愈富裕，加上醫藥發達，生活品質提升，人類平均壽命增加，社會高齡化現象普遍。但不可否認的是現代人仍不能倖免死亡，尤其目前交通意外事件多、社會壓力、課業壓力，使得青少年、兒童有隨時面對死亡的威脅。米勒斯、雷斯勒、羅賓遜等人（Mills, Reisler & Robinson, 1976）指出死亡教育對兒童的重要性有三（張淑美，民 84；劉明松，民 86）：一是兒童的心理健康有賴於他們對悲劇事件的了解；二是死亡教育可以幫助降低已經習得的恐懼和錯誤的概念；三是先前對死亡的教育和討論有助於兒童因應未來死亡事件的能力。

　　一九八三年艾迪和耶律司（Eddy & Alles）在其「死亡教育」一書中，認為死亡教育可幫助人們面對自己的死亡，能有

效處理內在衝突及對死亡的恐懼，使兒童或青少年獲得正確的死亡意義，進而透過思考死亡，培養出健康與幸福的生活（張淑美，民85）。

　　基於死亡教育能對成長階段中的兒童或青少年提供正向的、積極的觀念與認識，對兒童及青少年身心發展及維繫健康心理生活有實質助益，在國內國民教育發展中似仍較少著力；欣見教育部曾部長關心當前兒童及青少年身心健康，提醒每個兒童及青少年珍惜自己，愛惜生命，從而尊重自己、尊重他人。曾部長（民89）特別倡議生命教育，將生命教育列為教育部重要施政方針，希望老師以體驗代替說教，使抽象價值概念與學生實驗經驗相連結，幫助學生了解生命的真義，讓我們的下一代真正學會欣賞生命及尊重生命，並期許全國各界重視生命教育的推動。本文乃透過死亡的哲學、心理學概念了解，進而對死亡教育意義、目標及課程建構提出剖析，以作為推動生命教育參考。

貳、死亡的哲學觀

　　中西哲學或宗教對死亡的看法不同，但無不同時在追求生命的意義，思考生存的價值。我國孔子之「未知死，焉知生？」；莊子認為生死如同晝夜，如同氣聚氣散而已；墨子則認為人死為鬼，鬼神司有賞善罰惡之職；佛教重因緣果報，認為死亡時刻是由業力決定，生時修善業，則入善道，若行惡

業，則入惡道，生死輪迴，端賴業力果報，如積極修持可發願往生西方極樂世界；天主教則認為生命來自於造物主，死是一個還原，是永生的開始；基督教也認為死可以永生，回歸到救主耶穌基督永遠的國；儒家看重生命的意義與價值，重視祭祀、慎終追遠；道家對死亡存有許多神秘鬼怪的看法，也重祭祀以避禍求福；墨家則認為人們必須注意行善積福，免被鬼神報應。綜上可知，不管是哲學或宗教對死亡的思考與詮釋均在於去除人們對死亡的恐懼，進而去思考生命的價值。

儒釋道三教融入我國民族文化的傳統與習俗，也揉合了儒家慎終追遠的道德觀，佛教的輪迴果報觀及民間道教的鬼神觀，形成了中國文化獨特的死亡觀。何顯明（民 82）指出國人死亡心態包括：敬死亡而遠之；視死為禁忌；多愁善感的死亡心態；聽天命的死亡心態；苟活的心態；對他人死亡兩極心態，即溫情與冷酷心態。

西方在柏拉圖時代的靈魂觀念，基督教的死亡是永生的開始，導致西方將拯救靈魂、關切自我的精神生命，視為生存的中心。因此一九七四年法國文化歷史學家耶麗斯（Aries）提出四種死亡態度，包括溫馴的死（tame death）、自我的死（death of self）、他人的死（death of others）及拒絕死亡（deny death）（鄭淑里，民 84）。由此可見中西方不同哲學、宗教對死亡看法及心態之不同，透過以上了解，有助吾人進而探討死亡教育的內涵。

參、死亡的心理學觀

　　兒童面對親人的死亡可能會裝作沒發生任何事情；會出現孤立、退縮、罪惡感、恐慌等心理反應。一般而言，由於兒童年齡尚小，在對親人死亡時，因不懂如何處理自己的罪惡感，因察覺周遭情境冷寂而產生痛苦和壓力，甚至以為從此沒有親人會來關心他們、照顧他們，以至於行為舉止產生怪異跡象，生活中顯出失落感、孤單的感覺，因此成人如何予以更多關心、了解、照顧，使兒童重新找到生活方向，進而維持身心正常發展與健康是必要的。

　　一九八四年美國心理學家斯畢斯和布蘭（Speece & Brent）在探究兒童對死亡概念的了解時發現，兒童五至七歲才完全了解死亡，兒童對死亡概念隨生活經驗累積，年齡成長而漸發展完成。在面對死亡時，會逐漸去調適自我心態，並接受事實。

　　羅斯（Ross, 1975）對死亡的心理反應研究指出，人從面對死亡發生到接受死亡的事實，須經過否認、憤怒、求情、絕望和接受五個階段。

　　成人喪失親人的悲傷過程，喀溫克夫（Kavangugh, 1974）提出七個階段，包括：震驚、解組、反覆無常的情緒、罪惡感、失落與孤單、解脫及重組（吳庶深，民 77；張淑美，民84）。亦即成人在突然獲知親人過世時，首先會感到震驚，不願接受這個事實，接著可能不知所措，感到氣憤、怨恨、無

助、痛苦等反覆無常的情緒，在生活中有極大傷感、難過，其次認清逝者已矣，心理上有一種解脫的感覺，從而重新尋找生活方向過著新生活。一般而言，成人需一至二年才能恢復平靜心情。

坦然面對死亡，積極尊重生命的態度，賦予生命新的意義，珍惜自己擁有的生存時光是面對死亡的心理調適最高教育真諦。

肆、兒童的死亡概念發展

依據皮亞傑（Piaget）的認知發展理論，九或十歲以後開始了解死亡，至十二歲以後才能完成了解死亡。納基（Nagy, 1948）亦提出相同的看法。納基對兒童的死亡概念發展提出三階段論（張淑美，民84）：

第一階段：三至五歲的階段，認為死亡是暫時的，死亡是可逆的過程。由於此時兒童是自我中心，尚無法區分活的和沒有生命的差別，甚至認為死亡是在棺材中吃東西、呼吸和思考。

第二階段：五至九歲擬人化的階段。認為死亡是一個人，叫做死亡先生，只有被死亡先生抓走的人才會死。此時兒童已知死亡是生命的終止，但不是普遍的，不希望自己會死。甚至死亡是可避免的，聰明、幸運的人是不會被死亡先生抓走。

第三階段：九歲以上的階段，知道死亡是普遍的。此時兒

童知道死亡是不可避免的,是真實的,是普遍的,此時兒童已達成熟了解的階段。

洛卡德(Lockard, 1986,張淑美,民 84)曾將兒童死亡概念發展和皮亞傑認知發展理論作一比較。洛卡德指出皮亞傑認知發展中之感覺動作期(零至二歲)係以感覺動作認知外界事物,因之對死亡概念視為分離或剝奪。皮亞傑的具體運思期含二至七歲的前運思期是自我中心,以泛靈論來認識周遭世界;七至十一歲的具體運思期具有保留概念、可逆性思考能力;此階段對死亡概念是以神奇泛靈論來看,認為死亡的焦慮是短暫的,會一再發生的;會關心死者飢餓、冷暖;認為死亡是終止的,不可逆的。皮亞傑的形式操作期(十二歲以後)能有抽象、客觀的真實的思考能力。對死亡概念的發展是普遍的,不可避免的,以真實的、抽象的角度來思考死亡;了解死亡是所有功能的停止。

透過兒童對死亡心理概念發展,有助於在教育歷程或心理輔導過程中,提供適切的處置與輔導。尤其兒童對死亡教育接觸尚在啟蒙階段,提供更多死亡的心理概念發展認知是有必要的。

伍、死亡教育的發展與定義

賓內(Pine, 1977)將美國早期的死亡教育源起與推動分三個時期:(1)一九二八年至一九五七年的探索期;(2)一九五八年

至一九六七年的發展期；(3)一九六八年至一九七七年的興盛期。一九六三年明尼蘇達大學首次在大學設死亡教育課程。一九六八年之後各大學開始有大量死亡教育課程開設。至一九七三年在美國已有六百所大學提供死亡教育課程。至一九九○年也有一千五百所中小學校實施死亡教育課程，且死亡教育也成為中小學生十分歡迎的課程之一。

國內大學近年來設死亡教育課程也正在起步階段，相關研究論著仍在發展中。國內自一九八四年至一九九九年從事生死主題的博碩士論文尚不超過三十篇，專書亦不出十本。然而死亡教育將隨著社會環境變遷，為增進人類生命尊嚴與品質，有其不可忽視的貢獻。

國內外學者對死亡教育定義不同，瓦士等人（Wass, Corr, Pacholski, Sanders, 1980）認為死亡教育是以教導死亡這個課題為主題的正式教學或教學團體，包含了教學目標、課程內容、教學方法及教學評鑑。除了正式教學外，也包含非正式的、偶發的、自然的、定期與不定期的，和非直接的與死亡相關的教學（張淑美，民 84）。吉布森等人（Gibson, Robert, Buttery, 1982）認為死亡教育是指使個人覺醒死亡在生命中的重要，並提供課程結構以協助學生檢視死亡的真實性，並將之統整於生命歷程。摩根（Morgan）則認為死亡教育不僅關係到死亡本身的問題，亦涉及吾人對自己及所生存的大自然與宇宙的感情。它必須和我們的價值觀、他人關係、外在世界相結合，死亡教育可加深生命和人際關係的品質（黃松元，民 77）。勒韋頓（Leviton, 1969）認為死亡教育在幫助人們以虔誠及理解的態

度面對無法改變的死亡（黃松元，民 82）。

張淑美（民 78）認為死亡教育係探究死亡，瀕死與生命關係的歷程，能增進吾人醒覺生命意義，並提供吾人檢視死亡的真實性及其在人生當中所扮演的角色與重要性。黃天中（民 80）則認為死亡教育乃教育每一個人明白和接納死亡，使每個人有知識、有能力來處理死亡帶來的種種問題、悲慟、撫導及情緒之紓解。

綜合國內外學者看法，作者認為死亡教育是透過正式及非正式教學在教導死亡、瀕死與生命歷程相關的各項課題，進而探索生命的價值與意義，提升生命的品質。

陸、死亡教育課程規劃

死亡教育推展迄今，很高興看到曉明女中對國高中生設計了生命教育課程，並進行教學活動設計（蕭瑄華，民 89）。但有關課程規劃仍面臨重大的困境，尤其國內本土課程設計仍在起步階段，如何進行死亡教育課程設計乃當務之急。

尉遲淦（民 89）指出曉明女中生命教育課程設計由個體到群體、社會到自然、現在到永恒；從個體出發；由具體中教學，達到實踐體驗目的。

死亡教育課程規劃必須考慮計畫階段、執行階段及評鑑階段各相關因素評估，如圖一，茲分述如下：

一、計畫階段

應檢視現有各種死亡教育課程，評估接受死亡教育對象程度、能力，對當前死亡問題的概括思考。

分析死亡教育哲學背景，制訂死亡教育目標，釐清死亡問題原因，界定死亡教育內容。

二、執行階段

組織不同領域、不同性質的死亡教育課程內容。依不同目標、不同對象，選擇合適教學策略及可用資源。

三、評鑑階段

評鑑不同教學策略的實施成效，評鑑各種資源的使用情形，評鑑學生學習效果，提供修改死亡教育課程修訂的參考。

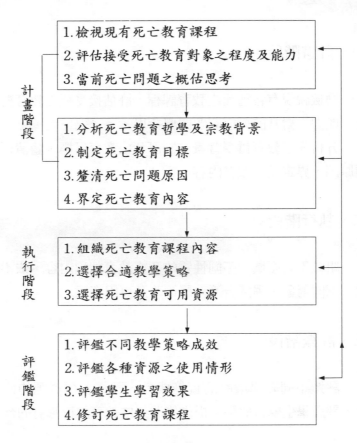

計畫階段

1. 檢視現有死亡教育課程
2. 評估接受死亡教育對象之程度及能力
3. 當前死亡問題之概估思考

1. 分析死亡教育哲學及宗教背景
2. 制定死亡教育目標
3. 釐清死亡問題原因
4. 界定死亡教育內容

執行階段

1. 組織死亡教育課程內容
2. 選擇合適教學策略
3. 選擇死亡教育可用資源

評鑑階段

1. 評鑑不同教學策略成效
2. 評鑑各種資源之使用情形
3. 評鑑學生學習效果
4. 修訂死亡教育課程

圖一　死亡教育課程規劃流程

茲再詳述如下：

一、在計畫階段方面

其中在檢視現有死亡教育課程方面，國外學者盧比和雅貝爾（Rublee & Yarber, 1983）提出九週的死亡教育課程對死亡態度的改變成效最具成效；雷賓遜（1978）對死亡教育設計七週的諮商課程，顯示死亡教育可增加正向的情感和態度。國內蘇完女（民80）、鍾春櫻（民80）的研究指出五至六週的死亡教育課程對死亡態度有正向影響。

許多死亡教育學者（Atting, 1992; Corr, 1992; Crase, 1982; Thornton, 1991; Weeks & Johnson, 1992; Durlak & Riesenberg, 1991）認為死亡教育目標有側重認知層面，也有側重技能層面，更有側重情意層面。認知層面是指接受死亡教育以後，對死亡教育有關知識的了解；技能層面是指能有處理死亡或瀕死的相關技能；情意層面是指對死亡的心理反應。

哲學及宗教對死亡的思索與詮釋在解除我們對死亡的恐懼，進而去思考生命的價值。艾肯（Aiken, 1985）認為哲學家、宗教家對死亡所關注的問題包括（張淑美，民84）：

1. 死亡的恐懼是如何產生的？人們要如何克服及面對死亡的恐懼？
2. 死亡是否代表永遠的消失？抑或死後仍有生命的存在？
3. 上帝是否存在？人類如何認識祂？
4. 人類如何在有限生活中活得更美好？
5. 在何種情形之下，人類得以用理性的及被認可的方法，結束

別人的生命？

在死亡問題原因方面包括自殺、意外死亡、暴力行為死亡及衰老病死等。

在死亡教育內容方面，吉布森等人（1982）認為中小學階段的死亡教育內容包括十項：（張淑美，民84）

1. 自然的生命循環，植物及動物的生命循環。
2. 人類的生命循環；出生、生長、老化及死亡。
3. 生物的層面：死因、死亡的界定。
4. 社會和文化的層面：喪葬的風俗及有關死亡的用語。
5. 經濟的和法律的層面：保險、遺囑、葬禮安排事宜。
6. 有關於哀傷、喪禮、守喪等層面。
7. 兒童有文學、音樂及藝術中的死亡描寫。
8. 死亡的宗教觀點。
9. 道德和倫理的主題：自殺及安樂死（euthanasia）等。
10. 生死相關的個人價值。

二、在執行階段方面

死亡教育教學策略，有採「經驗－情緒」模式（experience-emotion model），如討論法、經驗分享法；有採「口說－演講」模式（didactic-lecture model），如講述法、閱讀指導法、講演等（張淑美，民84）。

可瑞思（Crase, 1982）認為死亡教育是科際整合的學門，課程內容組織也應是以科際整合方式進行。可用資源包括幻燈

片、電影片、書報雜誌、故事、短詩、有關圖書教材等。

三、在評鑑階段方面

死亡教育評鑑也十分複雜，吉布森等人（1982）指出：

1. 評鑑的策略，應配合課程之目標。
2. 評鑑工作應由不同人員組成的委員會予以評估，如學校有關人員、家長、學生、社區人員、心理衛生專家，甚至於宗教人士、葬儀及法律專業人員等。
3. 評鑑重點包括：課程的適切性、是否是持續的、是否配合不同年級的死亡教育內容。

黃松元（民77）認為評鑑策略應包括：為何評鑑、評鑑什麼、何時評鑑、何處評鑑、評鑑哪些人、如何評鑑等六方面。

柒、死亡教育課程內容建構

不同學者從哲學、文學、宗教觀點看死亡，且對死亡教育目標看法也不一。諾特（Knott, 1979）提出三項死亡教育目標，包括：

1. 資訊分享：指與死亡學有關概念或理論資料分享。
2. 價值澄清：指協助檢視及澄清個人的價值觀。
3. 因應行為：使個人熟悉助人的技巧，以便幫助自己或別人作好適當調節（鄭淑里，民84）。

可瑞思（Crase, 1982）指出死亡教育目標包括：

1. 逐漸增加教師對自己的死亡與瀕死的態度、信念與情感的覺察。

2. 協助獲得有關死亡與瀕死的歷程、哀傷、喪親等資訊。

3. 幫助參與者認明死亡教育與死亡諮商資源的適切性，並會加以利用和評估。

4. 提供額外知識，使對死亡教育產生效果。

5. 發展助人技巧以協助關心死亡問題的人（劉明松，民 86）。

可萊思於一九八二年再提出死亡教育目標在提供有關死亡資訊和事實、檢視和澄清個人的價值等情感部分以及協助消費者有關死亡的社會心理和倫理等課題（張淑美，民 85）。

張淑美（民 78，民 79b）曾歸納立威頓（Leviton, 1977）和吉布森等人（Gibson, et. 1982）對死亡教育目標的主張，綜合如下：

1. 使兒童及青年了解有關死及瀕死等方面的基本事實。

2. 使個人能獲得有關醫學及葬儀等方面的知識及訊息。

3. 幫助個人澄清社會上及倫理上的一些有關死亡的主題。

4. 使兒童及青年能坦然面對重要他人以及自己的死亡，進而能有效地處理這些死亡事件。

5. 透過澄清個人價值觀、人生目標，以增進生活品質並提升生命意義。

綜上，作者認為死亡教育目標包括：

1. 認知方面：提供死亡本質、意義、死亡及瀕死相關知識。

2. 技能方面：能處理死亡及瀕死相關事宜。

3.情意方面：對死亡及瀕死者正確態度。

　　許多學者對死亡教育課程內容，多沿用立威頓（Leviton, 1969）所提出的三個層面，包括死亡的本質、對死亡及瀕死的態度和其引起的情緒問題、對死亡及瀕死的調適。

　　張淑美（民84）歸納死亡教育課程內容如下：

1.死亡的本質及意義：

　(1)哲學、倫理及宗教對死亡及瀕死的觀點。

　(2)死亡的醫學、心理、社會及法律上的定義或意義。

　(3)生命的過程及循環；老化的過程。

　(4)死亡的禁忌。

　(5)死亡的泛文化之比較。

2.對死亡及瀕死的態度：

　(1)兒童、青少年及成年人對死亡的態度。

　(2)兒童生命概念的發展。

　(3)性別角色和死亡。

　(4)了解及照顧垂死的親友。

　(5)死別與哀悼。

　(6)為死亡預作準備。

　(7)文學及藝術中的死亡描寫。

　(8)寡婦、鰥夫和孤兒的心理調適。

3.對死亡及瀕死的處理及調適：

　(1)對兒童解釋死亡。

　(2)與病重親友間的溝通與照護：對親友的弔慰方式，「安寧照顧」（Hospice）的了解。

(3)器官的捐贈與移植。

(4)有關死亡的業務：遺體的處理方式、殯儀館的角色及功能、葬禮的儀式和選擇、喪事的費用等。

(5)和死亡有關的問題，如遺囑、繼承權、健康保險等。

(6)生活型態和死亡型態的關係。

4.特殊問題的探討：

(1)自殺及自毀行為。

(2)「安樂死」。

(3)意外死亡；暴力行為。

5.有關死亡教育的實施方面：

(1)死亡教育的發展及其教材教法的研究。

(2)死亡教育的課程發展與評鑑。

(3)死亡教育的研究與應用。

尉遲淦（民89）指出曉明女中國高中生命教育課程中，另有國二上有生於憂患、國二下有生死尊嚴課程。

作者認為死亡教育課程內容規劃應考慮認知、技能及情意三方面。在認知方面包括：死亡本質、意義；兒童及青少年生命概念發展；死亡教育基本概念；死亡教育哲學觀、宗教觀、心理觀及法律觀；生命成長與老化；死亡的泛文化比較；死亡問題原因。在技能方面包括：瀕死親人照顧；親友弔祭協助；喪葬儀式與選擇；死亡繼承權處理。在情意方面包括：欣賞文學、詩詞中死亡的描寫；情緒調適；生活型態調整；正確死亡觀念培養。

茲將上述課程內容歸納如表一。

表一　死亡教育課程架構

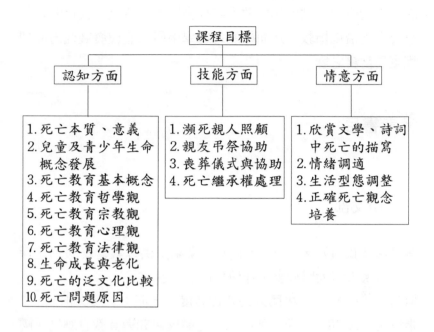

課程目標

認知方面	技能方面	情意方面
1.死亡本質、意義 2.兒童及青少年生命概念發展 3.死亡教育基本概念 4.死亡教育哲學觀 5.死亡教育宗教觀 6.死亡教育心理觀 7.死亡教育法律觀 8.生命成長與老化 9.死亡的泛文化比較 10.死亡問題原因	1.瀕死親人照顧 2.親友弔祭協助 3.喪葬儀式與協助 4.死亡繼承權處理	1.欣賞文學、詩詞中死亡的描寫 2.情緒調適 3.生活型態調整 4.正確死亡觀念培養

捌、結論

　　國中小學生對死亡概念的了解，有助於學校推動死亡教育。基於目前學校死亡教育的課程尚在建構階段，且死亡教育教學並未列入正式教學。但隨著各界重視生命教育、死亡教育的推動，透過對死亡基本概念了解、死亡教育實施，有助於死亡教育落實。

　　唯在推動死亡教育時，涉及課程、教材、師資及教學等因

素，其中課程教材規劃設計作者認為比較重要，乃將多年參與課程規劃研究，試對死亡教育課程發展提出淺見，其目的在供有志之士借鏡指教，然而如能透過學術研究歷程發展此方面課程更是當務之急。

參考書目

一、中文部分

吳庶深（民 77）：對臨終病人及家屬提供專業善終服務之探討。東海大學社會工作研究所碩士論文。

何顯明（民 82）：**中國人的死亡態度**。上海：上海文化。

張淑美（民 78）：兒童死亡概念之發展研究與其教育應用。國立高雄師範大學教育研究所碩士論文。

張淑美（民 79a）：父母親如何向兒童解釋死亡。教育部訓委會與父母親月刊聯合主編：**父母親月刊**，66，8-9 頁。

張淑美（民 79b）：「未知死，焉知生？」－死亡教育之探討。**現代教育**，5 (4)，No：20，91-99 頁。

張淑美（民 84）：國中生之死亡概念、死亡態度，死亡教育態度及其相關因素之研究。

尉遲淦（民 89）：生命教育的生死反省。**回饋 52 期**，教育部。

黃天中（民 80）：**死亡教育概論──死亡態度及臨終關懷研**

究，增訂三版。台北：業強出版社。

黃松元（民77）：我國台灣地區中小學死亡教育課程之發展。**衛生教育論文集刊**，2，136-149頁。

劉明松（民86）：死亡教育對國中生死亡概念、死亡態度影響之研究。國立高師大教育研究所碩士論文。

鄭淑里（民84）：死亡教育課程對師院生死亡態度之影響。國立台灣師大心輔所碩士論文。

鍾春櫻（民81）：死亡教育對護專學生死亡態度之影響。國立彰化師範大學輔導研究所碩士論文。

蘇完女（民 80）：死亡教育對國小中年級兒童死亡態度的影響。國立彰化師範大學輔導研究所碩士論文。

二、西文部分

Aiken, L. R.（1985）. *Dying, death and bereavement*. Boston: Allyn & Bacon, Inc.

Crase, D.（1982）. *Death education's quest for maturity*.（ERIC Document Reproduction Service No. ED 214 489）.

Eddy, J. M., & Alles, W. F.（1983）. *Death Education*. St. Louis: The C. V. Mosby Company.

Gibson, A. B., & Robert, P. C., & Buttery, T. J.（1982）. *Death education: A concern for the living*.（ERIC Document Reproduction NO. ED. 215 938）.

Kavanaugh, R. E.（1974）. *Facing death*. Baltimore: Penguin

Books.

Leviton, D.（1969）. The need for education on death and suicide. *The Journal of School Health*, 39 (1), 270-75.

Miller, J. H.（1986）. *Death education and the educator*. IN: Charles Thomans Pub.

Nagy, M.（1948）. The child's theories concerning death. *Journal of Genetic Psychology*, 73, 3-27.

Pine, V. R.（1977）. A social-historical portrait of death education. *Death Education*, 1, 57: 84.

Rublee, D. A., & Yarber, W. L.（1983）. Instructional units of death education: The impact of amount of classroom time on change in death attitudes. *Journal of School Health, 53* (7), 412-415.

Speece, M. W., & Brent, S. B.（1984）. Children's understanding of death: A review of three components of death concept. *Child Development, 55*, 1671-1686.

Wass, H., Corr, C. A., Pacholski, R, A., & Sanders, C. M.（1980）*Death education I: An annotated resource guide*. WH: Hemisphere Pub. Cor

生死教育對護理專業的重要性

國立台北護理學院　副教授　曾煥棠

壹、前言

護理人員面對病人死亡及瀕死的機會愈來愈多，隨著疾病的轉型如急性感染死亡的型態轉變成慢性病及癌症死亡的型態，使得很多疾病的治療與生命的急救都進行到死亡的最後一分鐘，而且有三分之二的死亡會發生在醫院。護生若在實習中首次遇到病人死亡，加上又缺乏同輩、教師或其他醫護人員的協助與支持，便可能會是一次負面、痛苦、恐懼或害怕的經驗，造成日後面對死亡產生逃避反應（Degner, 1988）。趙可式博士應邀本校生死學課程的演講就指出「生死學是護理教育的一個基礎課程，此課程的目標是要讓護理人員能夠對死亡的各種不同層面加以了解與認識，從而建立正確、積極的態度」，又說「有些護理人員認為臨終病人是歹死，覺得在這個工作上很痛苦，想改行」。那是因為那些護理人員不了解工作臨終照

護工作的意義，她們的自我價值沒有釐清，生命倫理道德判斷有困難，沒有成熟的生死觀及沒有參透生命的意義所致，所以這些面臨困境的護理人員無法每天去面對生死，並與臨終病人一起成長。

生死學的教育中死亡教育是最重要的內容。何謂死亡教育？死亡教育的定義從不同年代，專業領域有不一樣的解釋：一九八二年 Quint 認為死亡教育是讓人們了解死亡與瀕臨死亡是有限生命必經的過程，一九九七年 Corr 等人認為探討與死亡（Death）、瀕死（Dying）及哀慟（Bereavement）的教育就是死亡教育、Leviton 認為應包括西方哲學對死亡及瀕死的觀點、宗教的死亡觀、死亡的理論觀點、醫學和法律上的死亡觀點、死亡、瀕死有關的態度及情緒、兒童及青少年對死亡正確的認知。Morgan J.D.認為死亡教育有三個層面：(1)教導人們要有死亡準備的策略，(2)提供給那些會實際或可能受到死亡影響者處理的策略，(3)探討死亡意義、死亡態度、處理死亡方式的學科。死亡教育學者認為死亡教育的三大目標是：(1)資訊的分享，知識的獲得：主要是探討死亡的本質；(2)自我意識、價值態度的澄清；(3)哀傷調適。趙可式針對大部分死亡是在醫療機構中發生而倡導醫護人員的死亡教育應著重在領悟醫學的極限，從自身的參考架構來領悟死亡，認知如何照顧臨終病人與家屬，澄清面對遺體應有尊重生命的態度，藉著認識死亡更重視以人為本位的醫學（曾煥棠，民 89a）。

死亡教育對護理學生有幾項意義：(1)死亡教育在教學過程當中有助於護生早期確認及面對自己的死亡反應，發展對死亡

的自知,從而在畢業後能夠協助他們了解瀕死病人的有效方法,護理人員必須先在照護臨終病人之前心理已經有所準備,亦即接受死亡教育,了解死亡的意義、本質及重視自己的死亡態度和反應,才比較具有正面照護行為的傾向。(2)醫護專業人員的死亡教育是除了讓他們了解病人死亡與瀕臨死亡是有限生命必經的過程之外,還要讓他們了解病人個人的價值和意識是受到社會、文化、歷史、環境的影響,而且會影響個人職業的選擇與人生方向,其內容包括個人對死亡的感受反應,要了解到別人對生命抉擇所呈現的複雜性能,所以課程可以包括倫理與法律的議題,面對不同死亡事件的反應,對個人或家人提供的團隊照護,臨床上的兩難議題,對個人、家庭及醫護專業人員的支持系統。(3)死亡教育是一種協助她們了解臨終病人的有效方法,也可以讓護理人員更有意願及效率去照護臨終病人。護理工作中照顧瀕死病人及面對病人死亡產生的衝擊是護理人員工作壓力的主要來源之一,這是因為護理人員將救助病人生命並協助其復元的照護行動給予很高而神聖的評價,但是她們往往很難從照護臨終病人的工作情境中獲得滿足(曾煥棠,民89a)。

　　國立台北護理學院從民國八十三年開始發展死亡、瀕死和哀傷的課程,並於民國八十七年成立生與死研究室。目前每學期約有四百位學生上課分別在九個必修班級上課。此課程是依據教學目標、教學內容、教材、教學方法和教學評量來修訂。過去四年當中作者進行許多不同方式的效果評量,大致上發現生死學的教學都獲得學生對課程的肯定,過去的研究都發現生

死學教學是影響學生生死態度的主要因素，而且也提出針對現行生死學教學內容及教學方法的改進方向。

貳、教學目的與目標

　　生死學課程旨在讓同學了解生死學的研究與運用現況，從教育、醫學、社會、宗教與倫理等不同的觀點探討死亡歷程，死亡對個人的影響，認識與死亡相關的儀式及其對社會組織的影響，期使同學建立正向的生死觀，達到死亡教育的目的。生死學是一門跨學科的學問，在國外稱為死亡學，而傅偉勳教授則認為生死學較適合本國國情。生死學是包括心理、社會、教育、宗教、哲學、經濟、法律、醫學、流行病學、文學、藝術和音樂等領域中與死亡有關的學科。

　　生死學在護理學院教學的教育目的至少應該包括：(1)使學生在課程中適切的認識死亡的各種情境與反應。(2)透過課程的設計安排能夠降低學生對死亡的害怕、恐懼或潛意識的逃避死亡課題。(3)藉由宗教信仰的指引、哲學的思考，促使警醒與覺察自己的死亡態度。(4)引導學生對生死的思維，以坦然、積極的態度面對死亡，並賦予學生自己對生命意義的重新體驗。(5)珍惜自己擁有的生命時光，並對人生做最後旅程的事前規劃。生死學是具有整合性的概念，教師應對死亡具備正確的知識與態度，以及基本的溝通與諮商的能力。課程可以依照教學目標對不同的對象進行教學與引導，讓學生能坦然地面對各種死亡

議題、思索生命價值，習得臨終關懷的基礎能力。以護理學院
為例，生死學教學目標至少包括：(1)讓學生了解自己對死亡及
瀕死問題的觀點，願意對死亡進行思考。(2)讓學生討論死亡的
語彙、委婉說法、死亡的象徵物、文化傳統的迷信，引導學生
打破禁忌，可以談論死亡。(3)讓學生了解自己死亡態度並建立
面對死亡時的適當接受態度。(4)進行臨死覺知教育，讓學生了
解死亡的歷程、階段、方式，並認知瀕死病人的情緒及需要。
(5)了解死亡所造成的失落感及了解哀傷造成的身心社會反應，
獲得處理失落勝任感。(6)讓學生了解預立遺囑的時代意義與要
件，對生命進行反省，建立起死亡準備的行為。(7)了解台灣社
會處理死亡相關的機構，不同信仰中處理死亡相關的儀式與意
義，學習自我規劃葬禮，進而具備協助處理喪葬的能力。

參、生死學課程內容的建構

　　生死學課程的內容綱要有，死亡的本質及意義、對死亡及
瀕死態度、引發的情緒問題、對死亡及瀕死的處理及調適、特
殊問題的探討、有關死亡教育實施方面。教學課程單元內容包
括認知、情感與行為方面的內容。這些主題包括瀕死問題、學
科及宗教的死亡觀點、失落悲傷問題、喪葬問題、倫理問題、
各年齡層死亡態度、死亡教育實施、自殺問題、死亡本質、個
人處理調適等。
　　不同對象對生死學課程內容需求是有不同，以護理學院學

生及護士來說，比較重視瀕死問題、個人處理調適、失落悲傷問題、倫理問題、各年齡層死亡態度。而護理專業人員則比較重視死亡本質、死亡教育、倫理問題、瀕死問題、失落悲傷問題（紀惠馨，民89）。

表一　不同對象對生死學課程內容需求的比較課程

課程內容	護士及護生（紀惠馨）	專業人員（Eddy）
最迫切需要主題	1.對瀕死者及家屬的處理能力和因應照護技巧 2.個人面對生死問題的覺察、調適與規劃 3.預立遺囑 4.死亡教育對護理專業重要性 5.安寧療護	1.了解瀕死親友的需要 2.了解死亡的意義 3.死別和哀悼 4.向兒童解釋死亡 5.為死亡預作準備
需要主題	1.自殺、安樂死倫理問題與爭論 2.病人的權利 3.瀕死或接近死亡經驗的研究發展 4.各年齡層死亡態度 5.現行社會與文化風俗的對死亡議題的討論與看法 6.失落悲傷處理（技能） 7.屍體處置的爭議問題	1.死亡教育的教學方法和教材 2.死亡的定義和原因 3.死亡的泛文化觀點 4.死亡教育的課程發展 5.死亡的宗教觀 6.安樂死 7.生命週期 8.自殺（心理、社會方面）

		9. 老化（當事人、心理及社會方面）
		10. 喪家的角色
		11. 老化（生理方面）
		12. 對親友表達哀悼之意
		13. 自殺（當事人方面）
		14. 喪葬費用
次需要主題	1. 其他倫理議題（器官捐贈、墮胎）	1. 器官捐贈和移植
	2. 葬禮規劃與處理能力（技能）	2. 死亡及瀕死的歷程
	3. 失落悲傷概論（認知）	3. 傳統喪葬的變遷
	4. 各學科、宗教的生死觀	4. 追悼儀式
	5. 死亡教育發展及教學與方法（認知）	5. 兒童文學中對死亡的描述
		6. 火葬
		7. 屍體防腐法

肆、生死學教學方案與活動方案

　　生死學課程可以依照教學目標對不同對象進行教學與引導，讓學生能坦然地面對死亡、思索生命價值，習得臨終關懷的基礎能力。為達成上述的教學目標，研究者在教學單元設計了教學方案與活動方案。

表二　生死學教學方案──社會上的死亡議題單

單元目標	1.讓學生了解死亡和瀕死在社會上被重視的發展階段與重要爭議 2.促使學生從死亡議題來思索對社會造成的衝擊有哪些 3.這些衝擊對社會產生了什麼影響，等待我們去解決			
活動名稱	教學過程及內容	教法	教具	分鐘
1.引起動機	1-1 詢問學生社會上重視哪些死亡議題？	口頭報告／討論	投影片／剪報	五
2.死亡與瀕死議題的發展	2-1 觀賞「死亡紀事」影片 　　就影片內容，學生對下列問題的看法 2-2 (1)瀕死經驗是什麼 　　(2)死後有來生嗎？ 2-3 教師簡述美國社會上死亡與瀕死議題的演變 　　(1) 1930 年代 　　(2) 1950 年代 　　(3) 1970 年代 　　(4) 1990 年代	討論 討論 講述	影片 投影片	二五 二十 五
3.死亡對家庭的影響	3-1 一般家庭面對親人死亡後的處置	討論	投影片	二十
4.死亡對社會的衝擊與省思	4-1 教師進行「死亡情境與聯想」活動 4-2 死亡的禁忌有哪些	討論 講述	 題綱	二十 五

	4-3 社會組織中的死亡處理	講述	投影片	五
	4-4 快樂死亡運動	講述		五
	4-5 喪葬	講述		五
	4-6 哀傷	講述		五
	4-7 寡婦	講述		五
	4-8 隱藏性死亡（社會性死亡）	講述		
	4-9 自殺	講述		五
5.死亡議題	5-1 何謂死亡暗潮	講述	投影片	五
	5-2 何謂瀕死的軌跡	講述		五
	5-3 何謂死亡權利	講述		五
	5-4 瀕死的新規範	講述		五
	5-5 社會學上瀕死的三要素	講述		五
6.回家作業	6-1 死亡剪輯		作業紙	

表三　生死學活動主題——描述死亡

單元名稱：描述死亡

單元目標：1.能思考死亡的問題。

　　　　　2.可以用肺腑之言，表達對死亡的看法。

　　　　　3.了解自己何以會恐懼或害怕死亡。

　　　　　4.可以和朋友談論他人死亡的話題。

　　　　　5.能將死亡，視為一件平常的事。

行為目標：1-1 能找出有關死亡的體材。

　　　　　1-2 能賦予體材在生命中的意義。

　　　　　2-1 能分享自己對死亡的看法。

　　　　　3-1 能從自己的分享中檢視自己對死亡的態度。

> 3-2 能從別人的描述中了解並糾正自己不理性的想法。
>
> 4-1 能面對和朋友談論他人死亡的話題。
>
> 5-1 能坦然面對並接受死亡。

伍、教學的方法

生死學的教學方法可歸納成三類：第一類講演式（lecture instruction），就是只應用教師口述，專題演講影片放映，投影片或幻燈片，或參考讀物等教學方法；第二類是引導式（guided instruction），除第一類的方法外，還包括小組討論、遺囑寫作、辯論、角色扮演、個別指導及戶外教學等；第三類是編序式（Sequence in learning），依照教學方案的單元提供循序漸進式的個別學習指引與教學活動。教師可以個人運用上述三種教學法單獨教學，也可以採用二位以上教師進行協同教學，以滿足因生死學是整合性學科所帶來個別教師專長不足的缺失。

學生自我學習單元活動設計：藉由與死亡有關的認知情境，學習設計增強學生自我學習體驗。主要活動是在課堂上或作業中設計下面幾項單元活動（參考表四）：(1)學生寫出描述死亡的詞句或文化中的死亡禁忌，(2)計算自己的壽命，(3)填寫自己的「虛擬死亡證明」，(4)沈思死亡，(5)死亡意象與人格，(6)設計自己的墓誌銘，(7)瀕死經驗的體驗，(8)至親死亡的追思，(9)對喪葬活動的現況討論與省思，(10)對人生觀、生命成長

的改變，⑾書寫「生前預囑」前後的感受，⑿哀傷與失落，⒀臨終關懷角色扮演，⒁生命最後的規劃，⒂從談論死亡打破禁忌（曾煥棠，民 89b）。

表四　課程單元名稱與活動主題

課程單元名稱	活動主題	課後作業
課程探討	描述死亡	
社會上的死亡議題	計算壽命	
死亡教育的現況發展	死亡證	參觀葬禮
死亡的定義與態度	沉思死亡	
宗教生死觀	死後世界	
喪葬選擇	葬禮規劃	
哀傷失落	哀傷失落	生前預囑
如何面對親人的死亡、兒童死亡	哀傷失落	
臨終關懷	臨終關懷	參觀安寧病房
死亡的倫理議題（自殺）	參觀葬禮	
死亡的倫理議題（死刑）	墓誌銘	
死與生的權利	談論死亡	
生命最後階段的規劃	生前預囑	

生命教育論叢

陸、教學活動評量與實施

　　Durlak（1994）研究四十七個提供死亡教育課程的機構的
教學成效，檢視這些課程所強調死亡的認知、情感與行為。死
亡的認知層面的教學強調死亡學的一些信念，像是死亡和瀕死
研究是值得的，能夠討論自己面對死亡的反應，關於與死亡相
關的特別主題，自殺、安樂死。死亡的情感層面是教學計畫強
調個人不同負面的死亡反應，像是焦慮、害怕、威脅、不舒
服，而且也做了調查。死亡的行為層面包括從角色扮演產生有
效地和臨終病人交談，或自己陳述因為死亡教育改變自己的生
活方式，放棄抽煙，或書寫預立遺囑，或簽署器官捐贈卡。他
認為死亡教育能夠讓學習者改變態度主要的因素至少有三個，
分述如下：

(一)有效的教學目標

　　生死學是具有整合性的概念，教師應對死亡具備正確的知
識與態度，以及基本的溝通與諮商的能力。課程可以依照教學
目標對不同的對象進行教學與引導，讓學生能坦然地面對各種
死亡議題、思索生命價值，習得臨終關懷的基礎能力。生死學
教學目標至少包括：(1)讓學生了解自己對死亡及瀕死問題的觀
點，願意對死亡進行思考。(2)讓學生討論死亡的語彙、委婉說
法、死亡的象徵物、文化傳統的迷信，引導學生打破禁忌，可

以談論死亡。(3)讓學生了解自己死亡態度並建立面對死亡時的適當接受態度。(4)進行臨死覺知教育，讓學生了解死亡的歷程、階段、方式，並認知瀕死病人的情緒及需要。(5)了解死亡所造成的失落感及了解哀傷造成的身心社會反應，獲得處理失落勝任感。(6)讓學生了解預立遺囑的時代意義與要件，對生命進行反省，建立起死亡準備的行為。(7)了解台灣社會處理死亡相關的機構，不同信仰中處理死亡相關的儀式與意義，學習自我規劃葬禮，進而具備協助處理喪葬的能力。

(二)教師的教學方法或技巧的運用

任課教師擬針對不同對象學生負責編訂不同單元目標教材大綱、教學活動與討論內容，做為研究與教學改進之參考。另外安排戶外教學，例如：參觀訪問藝術墓園、安寧病房、殯儀館等。依據規劃之教學方案進行授課，再探討新課程對學生學習表現的層面內容如對生命意義，死亡接受度，家中談論死亡，生命最後旅程規劃，臨終關懷處理能力等學習表現之評估。

(三)適當訊息的應用

死亡教育的效果是來自教學活動中，引導學生自行研讀生死相關書籍，並且檢視自己對死亡及生命價值的澄清與體認（Lockard, 1989）。因此死亡教育之所以能夠使護生接受個人面對死亡時的焦慮，降低死亡焦慮，是因為課程活動中提供不具威脅的情境下，討論、分享個人對死亡的感覺與反應，使學

生的情緒能夠得到適當的紓解與支持（Murphy, 1986）。死亡教育不應只改善學習者的認知，否則她們在面對死亡時仍無法承受病人死亡所帶來的負面衝擊（White et al., 1983）。

生死學課程的教學成效考評可以依據教學目標所規劃之教學方案進行教師教學課室評量以及學生學習表現的層面進行。可以包括打破死亡禁忌，生命最後旅程規劃，臨終關懷處理，死亡思考表達、死亡接受、生命意義省察、處理失落、處理葬禮、談論死亡等學習表現態度或能力之評估省察。

柒、生死學教學效果的研究

生死學的教學效果是從上述教學目標來說是具有多向性的，分別陳述如下。

一、生死態度

生死態度是指死亡逃避及正向人生意義兩種態度。死亡逃避依照 Wong 等人（1994）的說法認為死亡逃避是指一個人逃避思考或討論與死亡有關的課題，因為這樣可以使自己暫時免於對死亡的恐懼。所以死亡逃避傾向是一種潛意識使自己遠離死亡的防衛機轉。另外一種面對死亡的負面態度是死亡恐懼，它是指一個人面對死亡情境時所產生的害怕、恐懼的感覺。正向人生意義是指從死亡教育當中學習死亡的種種議題，可以使

學生更加注意生命的價值，讓生活過得更充實（Goldsmith 1978）。因此死亡教育是生活的一種準備，適切的認識死亡與體驗生命的本質、目的有密不可分的關係（Crase, 1978）。生死學教學成效研究發現護理學院學生接受教學以後，有顯著的降低死亡逃避反應以及增強正向人生意義（曾煥棠等，民87）。

生死態度轉變的教學效果是來自於著重在學生從面對自己的死亡的「生前遺囑」作業上，促使學生進行自我反省、生命財產規劃及對器官捐贈的自我表達，透過影片的放映來進行死亡相關主題的認知分享，小組討論分享個人的感覺與反應，使學生的情緒能夠得到舒解與支持。任課教師引導學生自推薦的生死學書籍自行研讀，從而檢視自己對死亡及生命價值的體認。此外，學期中仍從事護理工作的在職學生，其學習動機比較高，經常能夠在課堂上分享個人意見與經驗，並提出問題讓師生一起思考與討論，有可能是因為他們曾在工作中面對或聽到瀕死病人及病人死亡的實際經驗與需要。大多數的學生從「生前預囑」的作業當中，都能夠很認真仔細謹慎的正視自己的假設性死亡，他們在書寫之前有很多負擔害怕不知如何開始寫，寫完以後反而覺得如釋重負，即使自己即將面臨死亡也不會無所適從，已經有所準備從此更希望把握時間與機會。

二、影響生死態度的因素

生死學課程實施以前都沒有顯著差異，而在課程實施後實

驗組在自認為從書籍、學校教育、自己思考、病人病危是影響
自己死亡態度的因素顯著地高過對照組。相對地對照組則以大
眾傳播報導上顯著地高過實驗組。再由此二組前後測平均數差
值的比較,更可發現實驗組學生在課程實施後認為,影響自己
死亡態度重要的因素依正向差值大小排列是,生死教育、書
籍、大眾傳播、自己思考、自己健康;而對照組學生則認為是
病人的病危大於自己的健康。影響死亡態度的因素很多,經由
生死學的課程引導學生閱讀相關死亡書籍而產生自我思考學習
亦是產生的效果之一,此效果仍比大眾傳播報導的死亡事件,
病人病危或死亡所帶來的大。

　　若依照歸因論的分類,影響生死態度的歸因可以歸納為表
五:(1)宗教信仰及健康狀況是屬於「內在」及「穩定」向度,
(2)學校教育是屬於「外在」及「穩定」向度,(3)閱讀書籍及自
己思考是屬於「內在」及「不穩定」向度,(4)親人、病人病危
或死亡、大眾傳播報導、經歷儀式是屬於「外在」及「不穩
定」向度(曾煥棠,民88a)。

表五　生死態度的歸因分類

	內在	外在
穩定	1.宗教信仰 2.健康狀況	1.學校教育
不穩定	1.閱讀書籍 2.自己思考	1.親人,病人死亡 2.大眾傳播 3.經歷儀式

三、教學效果的研究

死亡教育成效沒有得到一致的結果，有些報告指出有正向效果（Leviten & Fretz, 1978; Miles, 1980; Trent, Glass & McGee, 1981），有些研究則發現沒有影響（Glass & Knott, 1984; Hoetlor & Epley, 1979），有些研究也發現死亡教育教學結束後帶給學生過高的死亡關切（Combs, 1981; Mueler, 1975; Wittmaier, 1979），造成這麼多不一致的原因可能是教學目標，教學期間，教學內容的差異，或教學成效考評方法的不同，或教師教學技巧的差別。死亡教育對護理學生死亡態度的影響，會因學生的不同環境經驗而顯現出三種效果：(1)正向影響效果，對死亡有正面、積極的態度，(2)延遲的正向效果，它的影響不是立即反應到態度上，通常需要幾個月或一年的時間，(3)沒有效果，因為學生們本已具備相當足夠的死亡正面認知和態度。研究者對本校的教學效果研究，發現生死學教學不一定有正面的效果，也可能會有負面效果或是沒有效果。護生死亡逃避傾向的降低，主要是來自內在制約信念的「自己的思考探索」及「自己的健康」及「宗教信仰」。護生正向人生意義的增強，主要是來自內在制約信念的「宗教信仰」、「自己的思考」以及外在制約信念的「生死學教學」。其中外在制約信念的生死學教學對此兩種態度的最重要因素是有差別，亦即學生是感受到生死學教學刺激到他們自己去改變生命價值意義及感受，但面對死亡情境對死亡的感覺與反應時，真正讓他們態度改變的

還是在他們自己的思考，這個結果證驗 Shneidman（1971），
Murphy（1986）和 Lockard（1989）等人所提的死亡教育效果
（曾煥棠，民 88a）。

四、對生命最後規劃的轉變

不同教學方式的效果確實會影響護生對生命最後規劃的轉
變，使護生原本負向的態度趨於正向的改變，在效果方面尤其
以小組討論和活動改變最為顯著。藉由生死學課程能改變學生
對生命最後規劃的態度，使學生願意以正向積極的態度坦然面
對死亡，其中又以小組討論與活動效果最為顯著。教學中以不
同教學設計可呈現不同的效果，僅以口述法教學授課，因未能
強調個人感覺以及無法藉由同學彼此討論的過程來分享經驗，
因此未能收到有效的學習成果。而經由小組討論與活動，學生
透過審視自己的價值觀與死亡態度後，進而深思自己人生的意
義（陳錫琦、曾煥棠，民 88）。

五、學生的死亡處理態度

死亡處理態度經本研究歸結有八項，包括：瀕死處理、死
亡思考表達、死亡接受、生命意義改進、處理失落、處理葬
禮、談論他人死亡、談論自己死亡態度。而接受生死學教學的
護理人員有顯著較佳的死亡處理態度，但是面對臨終病人的照
護行為上則沒有顯著的差異，因此生死學教學的效果只能夠有

限度的增加護理學生畢業後在工作上面對臨終病人時的自我準備及處理能力，面對臨終病人的照護行為仍需加強臨終照護的專業護理教育課程（曾煥棠，民88b）。

六、課程教學內容的檢討

研究者分析不同特性的學生（照護瀕死病人的有無或近五年來家人死亡的有無）對教學的單元內容是否增加的意見，初步顯示差異不大，以及本校生死學教學單元內容到目前為止大體上是符合學生的需要。學生認為較需增加的前十五項分別是：向兒童解釋死亡（兒童與死亡），在兒童文學、音樂、藝術中對死亡的描述、社會上能提供的死亡服務、哀傷輔導（如何幫助瀕死者及其家屬、輔導技巧……等）、了解瀕死親友的需要、法律和經濟方面：如遺囑、保險、喪事費用、家庭對死亡的反應與因應、生命最後旅程的規劃、對患者及逝者親友表達慰問、各種死亡態度（含臨死覺知）、自我生命價值觀澄清、醫護專業人員與病人的互動關係、屍體的處理、道德和倫理的問題與爭論：墮胎、道德和倫理的問題與爭論：安樂死等（曾煥棠等，民89）。

七、教學方式的檢討

研究者欲就課程內容的需求差異角度上來了解不同組別的老師（獨立與協同教學）與學生對生死學課程的需求差異情

形。參考國內外學者及現行實施中的課程內容文獻資料，整理歸納出八大類、共五十八項課程內容，研究結果發現生死學採協同教學的方式比較可以符合學生的需求（紀惠馨，民89）。

生死學採協同教學的方式比較可以符合學生的需求。協同教學較傳統或班級教學更適合目前的教育方向的原因：(1)較能發揮教師的專長，提升教師的專業技能；(2)教學型態的改變更能適合學生的個別差異；(3)注重教學過程，由統整而分化，且充分利用教學媒體，避免教師個人包班制講授，使學生同時獲得多位老師的指導與影響，更能發展其完整的人格；(4)不同科目的老師可以一起交換意見，彈性的合作教學使老師們感情更為融洽。同時學校推行協同教學政策有其時代意義與必要性。因此，作研究者認為在尚未培育專業的生死學師資之前，生死學採協同教學的方式比較能夠符合學生的需求。

捌、結論

人在出生以後死亡就一直伴隨著，但是很少人會和家人討論自己的生前預囑，規劃自己的葬禮，器官移植，財產分配或臨終前被照護的選擇。過多的死亡禁忌與宗教的亂象，社會對死亡的禁忌是來自避諱談論死亡，或因害怕不吉利，怕談論死亡不知如何談起，遭受責備或會引起悲傷，以至於對生命禮俗的相關事宜，例如生前預囑、喪葬進行、善終場所、遺產的分配、臨終照護、哀傷輔導了解有限。再者中國人遺囑是臨終前

在祖宗靈牌位的大廳中向家人提出的，沒有預立遺囑習慣，只因為遺囑的產生象徵死亡的到來，因此許多高齡者在瀕死前來不及規劃遺囑，於是造成因遺產稅過高而子女不願繼承，或因遺產分配子女起了爭執而對簿公堂，時有所聞。

國人對死亡的避諱呈現在醫院中沒「死」的諧音上，像四樓如同死樓。又如生命禮俗的進行是由黃曆上選定日子，往往造成當日活動擁擠的進行。由於遺囑普遍被認為是臨終前才完成的，因此生前就規劃預囑就被視為不是很自然的事，然而最近意外事故死亡率高居台灣死亡原因的第三位，許多有生前規劃預囑的人，家屬的經濟來源獲得保障，更顯現出各年齡層都可以進行生前預囑的規劃，做好死亡準備，平時就做好交付遺物、遺言、喪葬進行、臨終照護、器官捐贈遺愛人間，如此個人對生命意義才能具備坦蕩的心，滿懷感恩。瀕死者關心家屬甚過自己，以前我們都認為瀕死者面對的問題是自己死亡的恐懼，但是有愈來愈多的瀕死者呈現出是捨不得和家屬的離別，擔心他們日後的生活所依。瀕死者可以依照自己的意願調配死亡日期。醫學的進步可以提供許多延長瀕死期的方法，讓這些人能夠在剩下短暫的時間內完成自己最後的心願。瀕死者期望被照護的方式和正式照護出現微妙的緊張。由於安寧照護運動的推展，許多瀕死病人期待以有尊嚴，不必忍受疼痛走完人生，和醫療部門將病症治療好的理念有出入。醫院的療護人員和瀕死者家屬也呈現緊張。這是由於醫療機構行政體系的運作與調整來不及應付瀕死家屬的期望與需求所造成。例如家屬要求瀕死者若在病床上死亡時，不可在八小時內搬動床位，但醫

院基於病床使用的原則很難配合。

　　在教學上教師可以依照不同授課對象的學習需求或市場需求的調查加以調整教學內容來達到最佳的適當性。透過放映影片進行死亡相關主題的認知分享，採取小組討論方式分享個人的感覺與反應也能夠促使學生的情緒能夠得到紓解與支持。任課教師提供宗教、哲學與科學等知識並引導學生研讀推薦的生死學書籍，有助於學生檢視自己對死亡及生命價值的體認。學生從面對自己的死亡的「生前預囑」作業上進行自我反省、臨終照護方式、生命財產規劃及對器官捐贈的自我表達產生相當好的教學效果。本校教學內容改進調查發現生死態度轉變的教學效果主要是來自於學生從面對自己的「生前預囑」作業上，進行自我反省與認知分享，或在不同單元的小組討論時分享個人的感覺與反應，讓學生的不安與悲傷情緒能夠得到同組同學的支持獲得紓解。大多數的學生從「生前預囑」的作業當中，都能夠很認真仔細謹慎的正視自己的假設性死亡，她們在書寫之前有很多負擔害怕不知如何下筆，寫完以後反而覺得如釋重負，即使自己即將面臨死亡也不會無所適從，已經有所準備，繼而更加把握時間與機會。此外，也發現學期中仍從事護理工作的在職學生，其學習動機比較高，經常能夠在課堂上分享個人意見與經驗，並提出問題讓師生一起思考與討論，有可能是因為她們曾在工作中面對或聽到瀕死病人及病人死亡的實際經驗與需要。

　　此外，教師應該運用適切的教學方法激發學生學習的動機，並且對自己的教學效果進行評量以作為改進教學成效的參

考，例如對生命意義、死亡接受度、家中談論死亡來打破死亡禁忌、生命最後旅程規劃、臨終關懷處理能力等進行學習表現的評值。本校教學內容改進調查發現生死學的不同教學模式對學生生命最後規劃具有不同的影響力，教學中運用小組討論法及實施教學活動時學生的改變較多，包括規劃生前預囑及安排葬禮有助於降低死亡恐懼，渴望學習技能、編寫生命成長回憶錄、盡早投入護理工作及回到故鄉尋找舊識上的個人意願較多、投入公益活動來留下生命光輝，有較深入的討論與回響。作者認為生死學、安寧療護、癌症護理、臨終關懷、專業倫理、悲傷輔導等有部分同質性的課程應該進行整合，成為初階、進階課程等或是有其他的統整方式。採用以生死學為基礎的課程，因為生死學應是強調對生死問題的基本理念認識，以及覺察個人對生命的態度，當體驗與了解自我的生命價值觀之後，再繼續學習如何照顧病人、家人及朋友，因此就需要進階的安寧療護及悲傷輔導的課程。

玖、建議

　　國內生死學教學在這幾年當中漸漸受到重視與肯定，由於此課程範圍多元且較廣，如何達到最佳的教學效果仍值得日後的研究與討論，以下是個人的一些拙見。

1. 平時建立起個人面臨死亡的物質準備及重新評量統整生命意義，包括預立遺囑，交代喪禮、遺物、遺言。可以討論遺囑

內容、想善終的場所、喪葬儀式的進行、臨終後要土葬或火葬、訃文內容、採取何種宗教儀式、何人主持葬禮、器官捐贈、是否要不惜一切代價延續生命、列出其未完成的心願、瀕死親人瀕死前彌補一生中遺憾的事、瀕死親人瀕死前向有恩的親友致謝、瀕死親人生前向承辦後事的親友致謝、瀕死親人遺產的分配、瀕死親人後事的安排、瀕死親人墓園的選擇與安置。

2. 反省和確立個人的人生觀及價值觀。例如反省自己「這一生最有價值的是什麼？」「這一生最有意義的事是什麼？」「這一生最恨誰？」「這一生最愛誰？」「如果你的人生可以重新來過，你會如何安排你的一生？」「你的人生哲學是什麼？讓你繼續活著（和病魔搏鬥）的生命力量是什麼？」「你曾想過自己會死亡嗎？」「你害怕死亡嗎？」「如何活的灑脫有意義？」

3. 學習面對擁有及失落的態度與處理方式。面對病房中的病人藉著陪伴、關懷、症狀緩和、舒解疼痛，協助靈性成長，發現和體驗生命的意義，認知生命的終極意義跟出路，盡早接受為死亡做準備。「人要能夠捨得，不要捨不得」；學習如何面對各種可能的死亡恐懼：(1)未知的恐懼：例如死了以後，我的身體將會有什麼變化？家人及朋友將會有何反應？(2)對孤獨的恐懼：病人有被孤立的感覺。(3)對憂傷的恐懼：死亡造成與所愛的人及熟識的環境之分離，病人難以忍受喪失的經驗。(4)對喪失身體機能的恐懼：例如病人身體心像的改變，影響自我評價之偏低。(5)對失去自我控制能力的恐

懼：病人害怕自己成為依賴份子，不能自己料理自己的日常
生活。(6)對疼痛和痛苦的恐懼：疼痛是肢體上極度的不適，
其可透過藥物解除，而痛苦卻不是僅靠藥物可以去除得了，
其恐懼尚包括不被照顧、及被忽視的恐懼。(7)對失去認同的
恐懼：瀕死病人對於失去親人及朋友、失去自我控制能力，
都會影響病人的認同與歸屬感。

4. 導正喪葬禮俗，建立合宜的喪葬禮儀與文化。喪葬文化的本
身是由儀式、習俗、信仰、價值觀構成的社會體制，這個體
制和社會整體結構是整合的。文化人類學的研究顯示喪葬禮
俗呈現出許多社會性功能，在喪事活動中親屬、家族得以產
生團聚，在宴席上家族與社區進行協調，喪事規模顯示家族
在地方上的聲望人氣，透過儀式的進行重新確認人倫關係及
傳輸道德意識。社會學者比較注意在社會變遷下，喪葬轉變
所代表的意義，如：火葬的倡導雖是來自土地使用不足，但
對傳統的死亡觀念和喪葬文化也產生衝擊。喪葬儀式有過度
受到商業利益的影響，使得殯喪費用高居不下形成厚葬風
氣。簡化喪葬活動儀式及建立殯葬證照制度是政府的政策，
也是人們死亡觀念的革新。喪葬活動當中追悼、哀思是主要
的功能，也可以有具備個人的特色。

5. 落實心靈改革，破除宗教亂象。以科學精神與態度探討生命
起源、前世今生、死後世界、心靈覺醒、臨終關懷、輪迴轉
世。

6. 以不同的教學策略對具有不同死亡經驗的學生實施教育，例
如有死亡經驗的學生應接受哀傷輔導的課。

7. 生死學與死亡教育、生命教育及生死教育等的教學內容，在探討有關個人的人生意義與對死亡的態度部分，可將生命最後規劃列為教學內容之一，並可從消除死亡恐懼、完成個人心願及留下生命光輝三個主題來切入，使學生願意以正向積極的態度坦然面對自他的死亡及思維人生意義。

8. 藉由全國生死教育與諮商等相關協會或學會來策劃生死教育政策：建立生死教師證照與提供在職進修，教學改進等相關工作的推廣。環顧各學術領域的發展，大都是在獨立且專業的學術團體推動之下才有豐碩的成果。每年舉辦研習會做為醫護、教師、社工、牧靈、志工等專業人員，進修取得在職教育或死亡教師證照的管道，或做為失喪者尋求紓解的機會。

9. 推動生死教育的師資培育，生死教育師資培育課程要有系統的將教師應具備的教學理念、專業知能進行規劃與運用合適的媒體教材與教學方法。課程設計應具備讓學生能夠自我學習探索多元價值觀點的環境。

10. 進行本土化生死學教材與教案的編訂：美加地區已經制定相當多的生死學課程教案與教科書，國內目前有許多的翻譯書籍，屬於課程與教案的教材的運用仍不夠普遍。另外視聽媒體的製作更是刻不容緩，好的教學效果必須能夠廣泛的運用各種教材與教具。

11. 教學方法與內容的改進刻不容緩：生死學的教學內容及方法，宜採以學生為中心的小組討論法來進行，可事先設計相關主題來引導學生思考。尤其是目前各級學校對生死教育非

常重視，有必要從學生、教師及職場專業人士來進行了解，以便設計最適於教學的內容、方法及策略。

12.盡早設置專業的教室：國內專業教室的設備大致可包括：⑴櫥櫃子：放置道具、書籍、活動簿或操作練習簿、媒體、教學器材、剪刀、漿糊。⑵操作討論桌六至八個，每張可坐六至八人。⑶各宗教的用品，與生死學相關的各種用品。⑷放置佈告，張貼看板。⑸教學準備室：教師可準備教材，製作教材。本校目前雖由教育部補助設置生與死研究中心，但是並未正式編入正式單位，沒有編制人員與預算，期待能早日正式納編。

13.能有專屬的圖書室：用來陳列與生死學有關的媒體，書籍，期刊，研究論文。圖書行政單位的高度配合，將有利於教育工作者的教學與使用。

參考文獻

曾煥棠、林綺雲、林慧珍、傅綢妹（民國 87）：生死學教學對護理學生生死態度的影響，**中華心理衛生學刊**，11 ⑶，49-68。

曾煥棠（民國 88a）：護理學生生死態度之信念探討。**醫護科技學刊**，1 ⑵：162-178。

曾煥棠（民國 88b）：生死學課程對護生某些臨終照護行為影響之探討，**中華心理衛生學刊**，12 ⑵，1-21。

陳錫琦、曾煥棠（民國 88）：不同的生死學教學方法對護生生命最後規劃的影響之前實驗研究。**醫護科技學刊**，1 (1)，93-105。

曾煥棠（民國 89a）：死亡教育。**生死學**（林綺雲主編），洪葉出版。

曾煥棠（民國 89b）：**生死學探索入門**，華騰文化股份有限公司。

曾煥棠、紀惠馨（民國 89c）：生死學教學內容需求的評估與改進之初探，**師大學報**，45 (1)：1-24。

紀惠馨（民國 89）：護理校院生死學課程內容的需求差異探討——以一個學校為例，碩士論文（未出版），南華大學生死學研究所。

Quint, J.B.（1982）*Death Education for the Health Professional*, Hemisphere Publishing Corporation.

Crase,D.（1978）The Need to Assess the impact of death education. *Death Education,1*, pp.423-431

Degner, L.F. & Gow, C.M.（1988）Evaluation of death education in nursing. *Cancer Nursing, 11* (3),151-159.

Durlak, J. A.（1994）Changing death attitudes through death education.In R. A. Neimeyer（Ed）, *Death anxiety Handbook: Research, instrumention, and application*（pp.243-260）. Washington, DC: Taylor & Francis.

Goldsmith,M.Q.（1978）Future Health Educations and Death Education,unpublished doctoral dissertation.

Hurtig W.A. & Stewin L.（1990）The effect of death education and experience on nursing student's attitude towards death，*Journal of Advanced Nursing*，*15* (1)，pp.29-34。

Lockard,B.E.（1989）Immediate,residual,and longterm effects of a death education instructional unit on the death anxiety level of nursing students. *Death studies,13* ,pp.137-159.

Murphy,P.A.（1986）Reduction in nurses' death anxiety following a death awareness workshop. *The Journal of Countinuing Education in Nursing,17* (4),pp.115-118.

White,P.D.,& Gilner,F.H.,& Handel,P.J.,& Napoli,J.G.（1983-84）A behavioral intervention for death anxiety in nurses. *Omega, 14* (1),pp.33-41.

Wong P.T.,Reker G.T.& Gesser G.（1994）Death Attitude Profile-Revised：A.Multidimensional Measure of Attitudes Toward Death,in *Death Anxiety Handbook*, edited by Neimeyer R.A. Washington DC：Taylor & Francis.

輔導室裡的生命教育——
面對死亡和失落

台北縣立北新國小　主任　鍾瑞麗

壹、前言

　　國王企鵝於四月二十八日來到台灣，取代人氣最旺的無尾熊——哈雷和派翠克——成為木柵動物園裡最受矚目的明星。這四隻來自日本的嬌客，在住進木柵動物園不久，就傳出了喜訊。其中一位母企鵝下蛋的消息，讓其人氣指數更一路攀升，尤其在接近破殼日的前兩個星期假日，每日參觀人潮更達近七萬人。這個風潮除了代表人們「喜歡新鮮」的本性，也深刻的表露了人們對新生命的期待。然而，企鵝爸爸在辛苦了六十五天的孵化後，大家引頸所盼到的，卻是胎死卵中的小企鵝寶寶。

　　這個消息將大家期待新生的興奮和喜悅的情緒帶到了失

望、難過和悲傷的谷底。面對一個生命的死亡，社會大眾，尤其是天真年少的國小學童，所承受的失落可能勾起其本身相關經驗的創傷（trauma）。

在兒童年輕的生命中，處於順境時，不禁讓人讚嘆生命的美好，彷彿所有的煩惱都與他們無關。但是，有時候憂慮和痛苦並不會通知他們，就像突如其來的巨浪一樣席捲而來，讓它們完全無法招架。當他們陷入這些困境當中時，難免會悲傷失望、茶飯不思，甚至覺得失去了生活下去的動力，他們可能會問：「為什麼？為什麼這些不幸的事會發生在我的身上？」如何面對死亡失落和處理相關的創傷經驗是重要的議題。這個失喪和失落議題自九二一震災以來，就被大家廣泛的討論著。

貳、生命教育中無可迴避的死亡和失落課題

事實上，現代的社會有足夠的證明顯現出兒童在很早期間就「發現」死亡（李開敏，民89）。他們面對死亡的經驗不勝枚舉，例如，兒童自身的死亡或源自重大疾病，或近年來頻繁的天災人禍導致的意外。除此之外，孩子經歷手足、友伴、親人的死亡好像「非常態」的經驗，卻意味著他失去了親近的「重要他人」（Significant Others）。寵物的死亡也是不少兒童曾經歷的童年重大失落，在許多相關的悲傷調適團體中，童年寵物的死亡常常是許多人選擇為處理悲傷未完成的議題。

除了死亡的形式，兒童常會經歷許多類似關係被破壞或消

失,如病痛、父母離異、入獄、出國、酒癮或藥癮等,這些分離與失落的經驗在某種程度上而言與失喪是雷同的。

在民國八十八年六月二十四日家暴法公布實施以後到八十八年十二月的半年之間,台灣警政署所受理的家庭暴力案件就有6177件(民生報,89.1.27)。另外,千代文教基金會所做的全省調查指出,有73.5%的青少年「時常」及「偶而」看到父母在子女面前吵架,22%的青少年見過父母因故在子女面前打架。由此看來,約有40%至50%的台灣家庭有暴力存在,而被通報者超過一半以上的家庭是「非雙親家庭」,因此,今日兒童成長在一個破碎結構不完整及功能殘缺的家庭其比例是相當可觀的。

在小學教育中,如何顧及到生命的全貌呢?如何培養兒童「尊重愛惜生命」?生命教育中價值的澄清、學習做自己情緒的主人,這些生活教育的點點滴滴,可在生命教育的基礎工作中落實。身為教育中的一環,輔導室對於這個生命教育的工作有一份不可逃避的責任。如何協助兒童面對生命中陰暗的幽谷?如何幫助他們在上帝為他門關了一扇門之後,再去發覺上帝為他們開啟的另一扇窗?這些都是身為助人者應該做的功課。

參、死亡和失落創傷經驗

死亡和失落的創傷經驗在人們生活上會造成非常大的壓

力，這些壓力往往超過個人所能掌控的界線。在這強烈的壓力之下，他們的身心狀況失去常態，甚至到達崩潰的階段。

一、創傷後所顯現的症狀

　　人們如果經驗、目睹或遭遇到一些死亡、重傷威脅和自己或他人人身安全受到威脅的事件時，創傷後症候群（Post-Traumatic Stress Disorder，簡稱 PTSD）的症狀就可能發生。基本上，事件發生後數小時或數月之內，他們可能來回的經歷兩個主要的階段：重新經歷（又稱侵入——創傷事件再次被經歷）和逃避創傷事件。通常，面對這創傷事件時，他們最初的反應是逃避和否認。在這個階段，他們淡化壓力的重大、「忘記」事件的發生、覺得與他人是離得遠遠的、失去生活的樂趣、做白日夢。在重新經歷創傷事件階段他們表現出非常警覺、有幻覺（聽）和錯覺的現象；另外，他們無法睡覺或集中精神、常常會無緣由的哭泣，身心的緊張也常讓他們因為一點點與創傷事件相關的事物而感到非常的不舒服（DSM-IV, 1994）。正常的人對於創傷事件會反應出悲傷與不安，並且發現難以承認其罪惡感、憤怒和慚愧。他們可能來來回回的在否認和侵入階段反覆遊走一段時間，常常經歷無法解決和逃避的哀傷。

　　基本上，人們因創傷產生的直接或是間接的結果，其感受和反映大多數是相同的。然而，針對兒童的需求上，卻是特別需要留意的。一般說來，兒童經歷創傷事件的反應包括：躁動不安、哭訴、黏人、在家中或學校有攻擊行為、害怕未來的災

難創傷、不想上學、退化行為、睡眠障礙與夢魘、害怕與災難
有關的事、對學校失去興趣且注意力差。

二、創傷後症候群的種類

　　PTSD 可依其症狀所持續的時間長短而有不同的分類。根
據 *Diagnostic and Statistical Manual of Mental Disorder*（DSM-IV,
1994），PTSD 可分為三種型態：急性的、慢性的、延緩發作
的。DSM-IV 對於 PTSD 三種類型分類的標準為：如果 PTSD 症
狀的發作延續在三個月之內為急性的 PTSD，症狀持續在三個
月以上為慢性的 PTSD，而創傷症狀在創傷事件六個月以後才
開始發作的則為延緩發作型的 PTSD。研究指出，在這三個類
型中，延緩發作型的 PTSD 最難處理，其治療效果也最差（Ma-
xman & Ward, 1995）。由此可知，孩子們如果經歷了創傷事
件，不可逃避拖延，盡快處理是一個要把握的原則。不同的創
傷事件的造因會引起症狀嚴重程度的差異，基本上，由不可抗
力的自然因素（如地震、颱風）所引起的創傷症狀比起由人為
因素（如謀殺、強暴、虐待）所造成的創傷症狀單純許多。換
句話說，如果創傷事件是由「人」所引起的，其對受害者所造
成的傷害會是較嚴重而難以處理的，因為人為的因素所造成的
創傷事件除了帶給受害者身心的創傷之外，更徹底的摧毀了其
對人的信任。尤其，如果加害者是受害者的重要他人（父母或
親人）時，受害兒童內心裡的矛盾衝突，更增添了一層對愛、
信任及生命的懷疑。

肆、悲傷輔導

在兒童面對死亡或失落的創傷事件時，退化的行為是最典型的。但是日常生活中的失落處處可見；考試失敗、友情的改變、搬家、寵物的失去、父母的離異……等等，都需要經歷一段不可逃避的悲傷歷程。

一、悲傷的歷程

所愛的人的死亡在人們的生命中是一段最痛苦時光的開始，當事者會覺得彷彿失去了依靠、失去了方向，那是悲傷的開始。悲傷是一種對於失去某個人或是某件珍貴的東西時自然的反應，身為一個「人」，我們悲傷失去親人、朋友、寵物、溫暖的家、工作、經濟的穩定等等，我們也悲傷青春的失去。這個悲傷的經驗是每一個人在他／她生命的歷程中必須修練的課程，而悲傷的歷程有五個主要的事實（Genesis Bereavement Resources, 2000）：

1. 悲傷是一個漫長的歷程，它需要當事人付出許多的時光、精力和決心，一個經歷創傷事件的人無法在短時間內完成悲傷的修練。
2. 悲傷是非常的「個人的」，這是「當事人」的悲傷，別人無法替代。

3.悲傷對整個的生命是一種攻擊和威脅，它會影響「當事人」生理、情緒、社交、心理和精神上的發展。

4.「當事人」將在未來的人生裡被這失落的悲傷所影響，當時間的洪流隨著歲月的巨輪逝去，「當事人」對這失落會有新的覺察。

5.悲傷具有生命移轉的潛能，「當事人」將會改變，他／她的價值觀可能因此而改變，進而從一個不同的、新的觀點看待生命。

　　悲傷的歷程是一生不斷改變的過程，如果「當事人」對這樣一個概念說「是的！」，則處於低谷的生命將獲重生。她／他也可以重新的再「愛」與「活」，悲傷失落的記憶和「逝去的愛」的愛將在「當事人」未來的人生道路上激發其繼續前行的動力。

二、悲傷輔導的目標

　　悲傷輔導的主要目標是協助生者與往生者間未完成的事並向往生者告別。這些特定的目標和悲傷的四項任務相同：

1.增加失落的現實感

2.協助當事人處理已經表達的或潛在的情感，包含悲哀、憤怒、愧疚、自卑、焦慮、孤獨、無助、苦苦思念、解脫、輕鬆、麻木。

3.協助當事人克服失落後在適應過程中的障礙。

4.鼓勵當事人向往生者告別，以健康的方式，並坦然的重新將

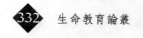

情感投注在新的關係裡。

三、輔導的原則與程序

為了達成這些目標，以下一些原則與程序可供依循：

1. 協助生還者體認失落：在創傷事件發生的初期，當事人常常以否認的態度反應，輔導者可運用遊戲、談話、或繪畫的方式協助其體認到失落的事實。
2. 協助當事者界定並表達感情：憤怒、愧疚、焦慮與無助、悲哀。
3. 協助當事人在失去往生者情況下活下去。
4. 將情感從逝者身上轉移。
5. 允許當事人有充分的時間去經歷悲傷：悲傷的過程是一段長久改變的歷程，如果當事人能承認這個概念，則他的生命將有新的面貌。
6. 說明「正常的悲傷行為」。
7. 允許個別差異。
8. 提供持續的支持。
9. 界定病態行為並轉介。

四、如何幫助兒童經歷悲傷的歷程

協助兒童經歷悲傷的工作是一段陪他們成長的過程，在這過程中，他們可以正視悲傷失落的事實，轉化低落消極的情

緒，進而體認生命的尊嚴和可貴。在協助兒童經歷悲傷的過程中，Genesis Bereavement Resources（2000）有以下建議：

1. 如果死亡或失落創傷事件是可以預期的（例如親人的病重或即將搬家），則在事件發生前開始與兒童談相關的事，這樣一個動作能給兒童有機會去澄清相關的問題，並做些心理準備。

2. 提供一個安全的環境——他們需要一個「家」的安全。

3. 告訴他們真相——有許多「大人」為了不讓兒童受到死亡或失落的打擊，常隱瞞即將或已經發生的創傷事件，或對於實情不作清楚的說明，事實上，他們終將知道事情的真相。

4. 簡單——告訴兒童創傷事件的基本要素和訊息，也回答他們的問題。

5. 聽聽看他們說些什麼——不要阻止他們的表達，讓他們引導對話。

6. 鼓勵兒童表達他們的感覺——哭泣是被允許、被接納的。

7. 鼓勵兒童談談逝去的人或失落的事——在交談的過程中，幫助兒童說出記憶中美好的時光。

8. 準備好討論死亡在兒童家庭裡信仰、靈魂和哲學上的意義架構——身為助人者，我們必須承認在兒童悲傷的歷程中，對於他們的面對死亡和瀕臨死亡有仍不知道和不了解的部分。

9. 幫助兒童調適在創傷事件發生後其責任和日常生活的改變。

10. 允許兒童有獨處的時間——獨處是非常重要的，在安靜的時刻裡，兒童能夠構思出他們的問題，甚至可能發現問題的答案。

11.對於經歷突然死亡創傷事件的兒童，多給一些支持——假如在預期中，將要來臨的家人或親人的死亡若沒有先告知，那麼這樣的死亡創傷事件就是「突然的」死亡創傷事件。

五、輔導方式和策略技巧

教師或輔導人員在輔導兒童經歷悲傷的過程中，有些具體的方式和策略是值得參考和採用的。

(一)輔導方式

1.個別諮商（輔導）
2.小團體（支持團體）輔導
3.班級團體輔導
4.家庭諮商

從系統理論的觀點來看，輔導的方式如果能夠從個人及其生活學習的生態系統、情緒系統、認知系統著手，則經歷創傷的兒童便能較「健康的」度過這成長必須面對的課題。尤其在家庭或班級裡，若能建構其完整的支持系統，他們更能化悲傷為成長和追求未來生命的動力，更能真正的體認生命的意義、尊嚴和價值。

(二)策略技巧

1.繪畫：透過繪畫的方式讓經歷創傷事件的兒童正視死亡或失落的事實，藉由繪畫的媒介表達其情緒，進而經由繪畫輔導

兒童重新面對未來的生命。

2. 角色扮演：以角色扮演的方法提供兒童表達內心的情緒的舞台，並透過角色扮演，讓當事人與逝者或失落的事物有「面對面」溝通的機會，以完成彼此間未完成的事。

3. 寫信：以寫信的方式，協助兒童對逝者或失落的事物表達感謝（或是憤怒），並藉由此管道對於過去的依附關係作個結束的交代。

4. 儀式（使用象徵）：儀式是一個很好的經歷悲傷的方法，藉由儀式，讓兒童對逝去的人或失落的事物表達思念的情緒，進而對於逝者或失落作個告別。

5. 遊戲：對於較小的兒童，經由玩具在遊戲中去統合與觀察他們的創傷經驗是非常不錯的技巧。這些包括汽車、火車、大卡車、建築積木、洋娃娃……等。較大的兒童也可以由玩布偶中去宣洩他們的情緒。

6. 短文故事創作：協助兒童以寫或說的方式創作和創傷經驗有關的短文故事，以協助其面對、經歷和澄清相關的認知和感覺。

7. 團體討論：以團體討論的方式就相關主題進行創傷經驗的探索，在討論的過程中，引導出正面的結論，進而對生命有新的體認。

伍、結語——面對死亡和失落所隱含的生命教育
意義

　　周大觀面對死亡時的坦然態度，在他有限的生命裡，他仍
抱持對生命的珍惜和感謝，表現出不向困境低頭的心意。他所
寫的「鄰居」將其積極面對生命的精神表達得淋漓盡致：

<blockquote>

八十五年五月十五日，

爸媽第一次扶我進開刀房，

焦慮弟弟是鄰居，

平靜妹妹也是鄰居，

我選擇了平靜妹妹。

八十五年六月六日，

爸媽第二次抱我進開刀房

害怕阿姨是鄰居，

堅定叔叔也是鄰居，

我選擇了堅定叔叔。

八十六年一月二十五日，

爸媽第三次抱我進開刀房，

死亡先生是鄰居，

生存姊姊也是鄰居，

我要選擇美麗的姊姊。

</blockquote>

雖然,這位生命的勇者在十歲時離開了人世,他並沒有離開我們,因為他留下了另一種精神的生命,那就是他對生命的尊重、珍惜和熱愛。

　　周大觀所經歷的生命的體驗非常的嚴酷,並非一般人有機會經歷的。然而,在生命發展的週期裡,每個人都有機會經驗直接或間接的死亡或失落的生命體驗。因此,面對死亡和失落是我們人生必須修鍊的課程,每個人都無法逃避,然而,這不是一件容易修習的功課,尤其對天真無邪、生命正值蓬勃發展的兒童而言,所引發的更是無垠的害怕和無助,在他們成長學習的道路上更需要我們的幫助。我們自己本身是否尊重生命的尊嚴和價值、是否熱愛和珍惜生命是重要的助人基礎,因為唯有我們對於死亡和失落能示範出堅定、開放的立場,才能在輔導的路上幫助孩子們穿過生命的幽谷和體驗新的生命價值。

參考資料

李開敏(民 89):生命的全面觀——殘缺與死亡的面對。國立
　　台北師範學院:現代教育論壇,生命教育,pp.20-25。

American Psychiatric Association(1994). *Diagnostic and statistical manual of mental disorders*, 4th Ed.

Maxmen J.S. & Ward N.G.(1995). *Essential psychopathology and its treatment*.

Genesis Bereavement Resources(2000). *Good grief.*

Genesis Bereavement Resources（2000）. *How do dead people get chocolate cake*?

國家圖書館出版品預行編目資料

生命教育論叢／何福田策畫主編. --初版. --
臺北市：心理, 2001（民90）
面；　公分.--（生命教育；1）

ISBN 978-957-702-432-9（平裝）

1. 生命教育─論文，講詞等
2. 生死學─論文，講詞等

528.5907　　　　　　　　　　　　90004611

生命教育1　**生命教育論叢**

策畫主編：何福田
總　編　輯：林敬堯
出　版　者：心理出版社股份有限公司
社　　　址：台北市和平東路一段 180 號 7 樓
總　　　機：(02) 23671490　傳　　真：(02) 23671457
郵　　　撥：19293172　心理出版社股份有限公司
電子信箱：psychoco@ms15.hinet.net
網　　　址：www.psy.com.tw
駐美代表：Lisa Wu　tel: 973 546-5845　fax: 973 546-7651
登　記　證：局版北市業字第 1372 號
電腦排版：辰皓國際出版製作有限公司
印　刷　者：玖進印刷有限公司
初版一刷：2001 年 4 月
初版四刷：2006 年 10 月

定價：新台幣 280 元　　■有著作權・侵害必究■
ISBN-13 978-957-702-432-9
ISBN-10 957-702-432-7

讀者意見回函卡

No. _____ 填寫日期： 年 月 日

感謝您購買本公司出版品。為提升我們的服務品質，請惠填以下資料寄回本社【或傳真(02)2367-1457】提供我們出書、修訂及辦活動之參考。您將不定期收到本公司最新出版及活動訊息。謝謝您！

姓名：_____ 性別：1□男 2□女

職業：1□教師 2□學生 3□上班族 4□家庭主婦 5□自由業 6□其他_____

學歷：1□博士 2□碩士 3□大學 4□專科 5□高中 6□國中 7□國中以下

服務單位：_____ 部門：_____ 職稱：_____

服務地址：_____ 電話：_____ 傳真：_____

住家地址：_____ 電話：_____ 傳真：_____

電子郵件地址：_____

書名：_____

一、您認為本書的優點：（可複選）

　❶□內容 ❷□文筆 ❸□校對 ❹□編排 ❺□封面 ❻□其他_____

二、您認為本書需再加強的地方：（可複選）

　❶□內容 ❷□文筆 ❸□校對 ❹□編排 ❺□封面 ❻□其他_____

三、您購買本書的消息來源：（請單選）

　❶□本公司 ❷□逛書局⇨_____書局 ❸□老師或親友介紹

　❹□書展⇨_____書展 ❺□心理心雜誌 ❻□書評 ❼其他_____

四、您希望我們舉辦何種活動：（可複選）

　❶□作者演講 ❷□研習會 ❸□研討會 ❹□書展 ❺□其他_____

五、您購買本書的原因：（可複選）

　❶□對主題感興趣 ❷□上課教材⇨課程名稱_____

　❸□舉辦活動 ❹□其他_____ （請翻頁繼續）

心理出版社 股份有限公司

台北市 106 和平東路一段 180 號 7 樓

TEL: (02) 2367-1490
FAX: (02) 2367-1457
EMAIL:psychoco@ms15.hinet.net

沿線對折訂好後寄回

六、您希望我們多出版何種類型的書籍

❶□心理 ❷□輔導 ❸□教育 ❹□社工 ❺□測驗 ❻□其他

七、如果您是老師，是否有撰寫教科書的計劃：□有□無

　　書名／課程：_____

八、您教授／修習的課程：

上學期：_____

下學期：_____

進修班：_____

暑　假：_____

寒　假：_____

學分班：_____

九、您的其他意見

_____

謝謝您的指教！　　　　　　　　　　　　47001